케이블루의
동화 같은
프랑스
자수

케이블루의
동화 같은
프랑스
자수

김소영 지음

내 마음 속의 친구들을 만나는 시간

팜파스

PROLOGUE

봄이 되면 죽은 잠들어 있던 마른가지에서 연두색 새순이 돋아나고,

꽃망울이 맺힌 형형색색의 봉우리를 볼 때

자연의 경이로움에 삶에 대한 마음이 풍요로워집니다.

정성스럽게 놓아진 자수를 보았을 때도 같은 마음입니다.

어느날 봄빛이 가득 차오르는 듯한 꽃이 수놓아진 테이블보를 보고

평소에는 그다지 관심이 없었던 자수가 눈에 확 들어왔습니다.

그후로 세상의 모든 사물과 꽃들이 자수로 보였죠.

자수를 시작한 지 몇 개월 되지 않았지만

아침에 손이 퉁퉁 부어 아프도록 많은 작품을 완성했습니다.

기술은 많이 부족하지만, 이왕 같은 시간과 노력을 투자할 것이라면

내 그림으로 하는 것이 좋겠단 생각을 했답니다.

기존의 것과는 다른 나만의 스타일로 작업을 하고 싶어서

하나하나 도안을 직접 그렸어요.

그동안 해왔던 많은 취미생활 중에 늘 그림을 사랑하고 그려왔기에

자수를 하는 데도 큰 도움이 되었답니다.

붓으로 그리는 것과 달리 예쁜 색실로 색을 하나하나 채워가는 작업은

저에게는 또 다른 매력의 작업이었습니다.

나만의 감성과 그림체를 좋아해주시는 분이 생겨난 것 같아 더욱 뿌듯합니다.

아직도 머릿속에 새로운 도안들이 둥둥 떠다닌답니다.

앞으로도 더 아름답고 따스한 감성 가득한 사랑스러운 작품을 만들기 위해 노력하겠습니다.

CONTENTS

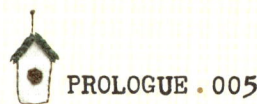
PROLOGUE . 005

BASIC 04 이 책에 사용되는 입체 스티치 기법

작품

시작하기
전에

자수에 필요한 재료와 도구

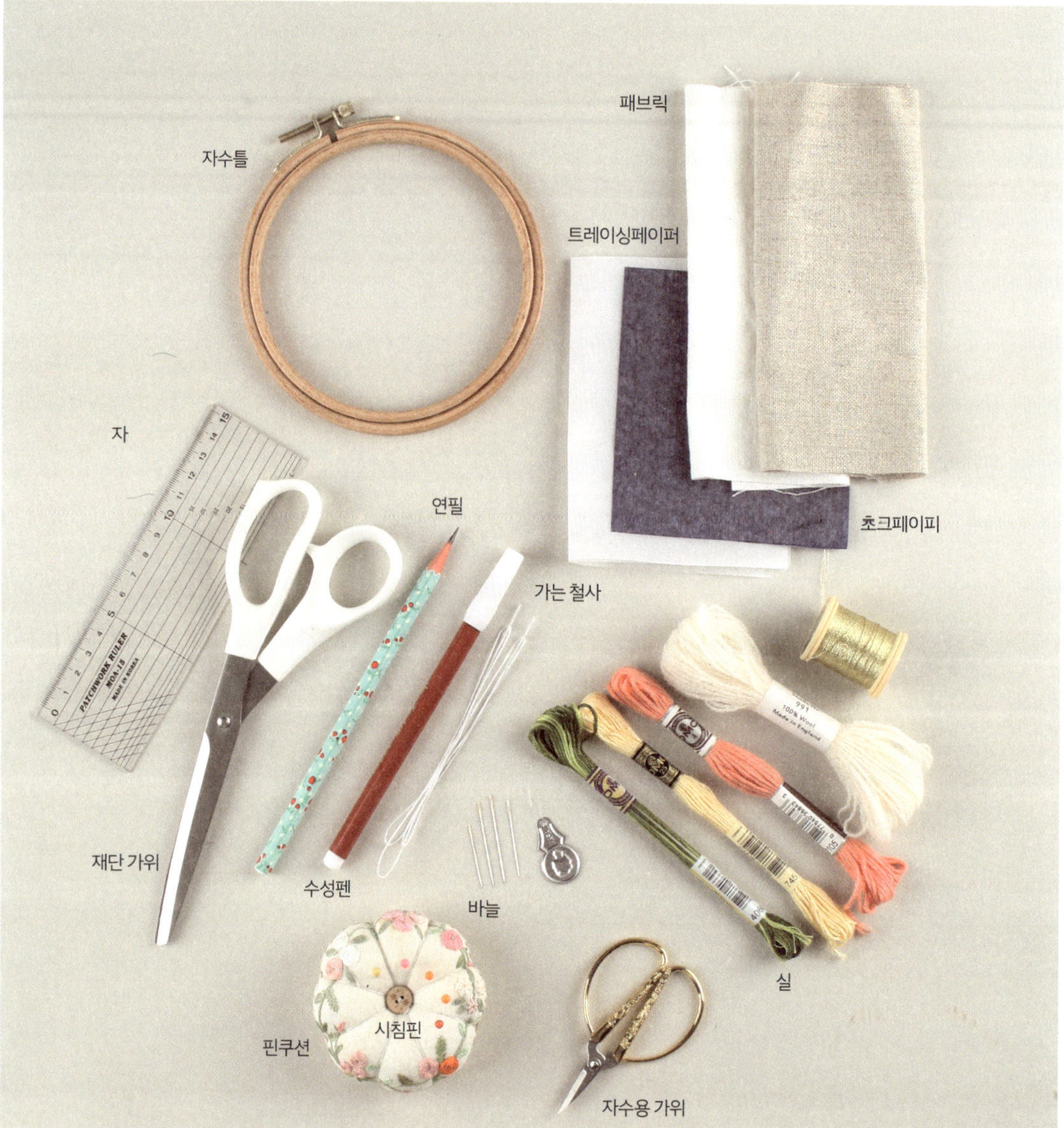

패브릭

자수틀

트레이싱페이퍼

자

연필

가는 철사

초크페이피

재단 가위

수성펜

바늘

실

핀쿠션

시침핀

자수용 가위

1. 패브릭

린넨, 무명, 워싱 광목

너무 얇은 것보다 약간의 두께감이 있는 천, 평직으로 된 천이 자수를 놓기에 용이합니다. 작품의 느낌에 맞는 천을 선택해서 다양하게 수를 놓아보세요.

2. 실

DMC 25번사, 5번사, 25번 그라데이션사, 메탈릭사, 울사

3. 바늘

자수용 바늘은 일반바늘보다 바늘귀가 큽니다. 번호가 클수록 바늘은 가늘어요. 작품의 크기와 실의 굵기, 가닥 수에 따라 바늘을 선택하여 수를 놓아주세요.

4. 재단가위

천을 자를 때는 재단가위를 이용해주세요.

5. 자수용 가위

자수실의 끝마무리를 할 때 잘라주고, 스미르나 스티치를 커팅할 때나 가위집을 넣을 때에 사용해주세요.

6. 자수틀

자수틀이 없어도 자수를 놓을 수는 있으나, 새틴 스티치같이 면을 채우는 스티치를 놓을 때는 틀을 사용하는 것이 깨끗하고 예쁘게 놓아집니다. 작은 수틀이 손에 잡고 작업하기에 용이합니다.

7. 수성펜

물을 뿌리면 날아가는 펜입니다. 간혹 물을 뿌리면 마른 후 다시 색이 보일 때가 있는데요. 물에 아예 푹 담갔다 걸어서 말려주시거나, 물티슈나 휴지에 물을 묻혀 꼭꼭 눌러주세요.

8. 트레이싱페이퍼

도안을 베낄 때 사용합니다. 연필이나 수성펜으로 그려주세요.

9. 초크페이퍼

천에 도안을 옮길 때 사용합니다. 물에 지워지는 초크페이퍼를 사용하면 좋지만, 일반 먹지를 사용했다면 물파스를 이용해서 자국을 지울 수 있어요. 패브릭에 따라 시험해본 뒤 사용해보세요.

10. 연필

트레이싱페이퍼에 도안을 옮길 때 사용합니다.

11. 시침핀

입체자수 레이지드 리프 스티치나, 캐스트 온 스티치를 할 때 사용합니다.

12. 가는 철사

입체자수 꽃잎이나 나비를 표현할 때 사용됩니다.

13. 핀쿠션

바늘과 시침핀을 보관하는 데 사용합니다.

14. 자

패브릭의 사이즈를 잴 때와 자수 도안의 크기를 잴 때 사용합니다.

자수의 기초

1. 선세탁하기

린넨의 경우 천의 특성상 세탁을 하면 약간 줄어들기 때문에 수를 놓기 전에 선세탁을 하는 것이 좋습니다.

2. 천을 다려주기

도안을 옮기기 전에 패브릭을 다려주어야 정확한 그림
이 표현됩니다.

3. 도안 옮기기

트레이싱페이퍼를 도안 위에 올리고 수성펜이나 연필로 베끼거나, 패브릭 위에 기화펜으로 직접 그립니다.

4. 천에 먹지를 대고 그리기

천 → 먹지 → 도안의 순서대로 놓고 약간 힘을 주어 눌러 그립니다. 대략적인 도안을 그리고 세세한 부분은 도안을 보면서 기화펜이나 초크펜으로 그립니다.

5. 자수실 사용하기

사용되는 자수실 : 25번사, 4번사, 베리에이션사, 울사, 메탈릭사

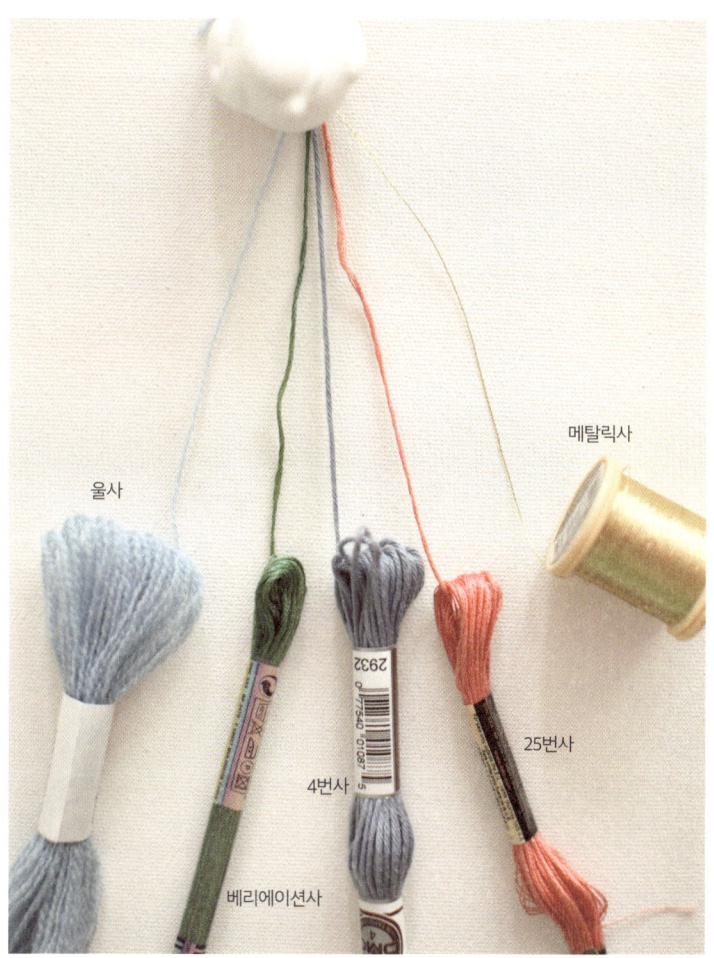

메탈릭사

울사

4번사

베리에이션사

25번사

DMC 25번사 : 일반적으로 가장 많이 쓰이는 자수실 25번사는 6가닥으로 이루어져 있습니다.

4번사 : 25번사의 6가닥만큼의 굵기이며, 한 가닥을 그대로 사용합니다.

베리에이션사 : 색상이 그라데이션을 이루고 있어 자연스러운 자연의 색감을 연출할 수 있습니다.

애플톤 울사 : 울로 만들어진 실로 포슬거리는 질감이 입체꽃을 표현하는 데 탁월합니다.

메탈릭사 : 금속 질감의 실로 한 가닥씩 사용합니다.

6. 실 사용법

적당한 길이(40~50cm)로 자른 뒤, 실을 갈라서 사용할 가닥 수만큼 뽑아서 사용합니다. 너무 길게 사용하면 실이 꼬이면서 예쁜 자수가 놓아지지 않습니다.

실 가르기

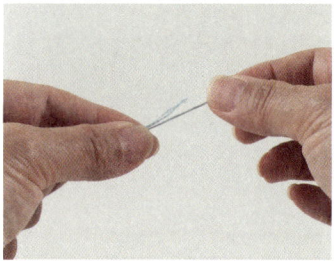

방법 1. 필요한 가닥만큼 한 가닥씩 빼내어 정리해줍니다.

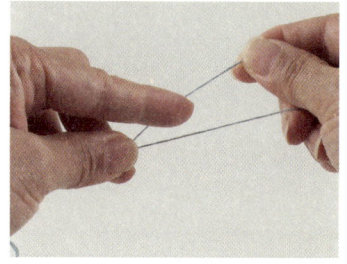

방법 2. 오른손으로 3가닥씩 나누어 쥔 다음에 가운데를 왼손 검지로 천천히 가릅니다. 보통 2~3가닥의 실을 사용합니다. 급하게 가르면 엉킬 수 있으니 천천히 갈라주세요.

7. 바늘 사용법

사용되는 바늘 : 호수가 클수록 바늘의 굵기는 가늘어집니다.

천의 조직과 실의 가닥수와 굵기와 따라 적당한 바늘을 사용합니다. 실의 가닥 수에 따라 바늘을 선택해주세요. 예를 들어 얇은 바늘을 사용하면서 3가닥을 사용하여 수를 놓으면 실이 천을 통과하기 어렵습니다. 반대로 바늘이 너무 굵으면 수를 놓은 뒤 천에 구멍이 날 수 있습니다.

8. 실 꿰기

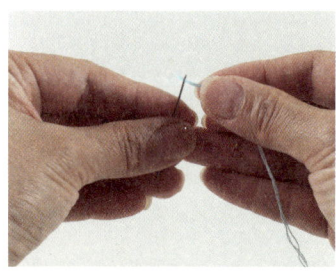

방법 1. 실 가닥을 잘 정리하여 바늘귀에 끼워줍니다.

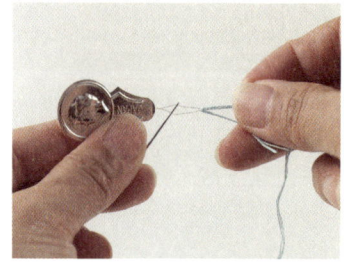

방법 2. 실 끼우개를 사용하여 끼워줍니다.

9. 매듭짓기

실위에 바늘을 올려두고 두 번 정도 감아준 뒤, 매듭을 잡고 잡아당겨줍니다.

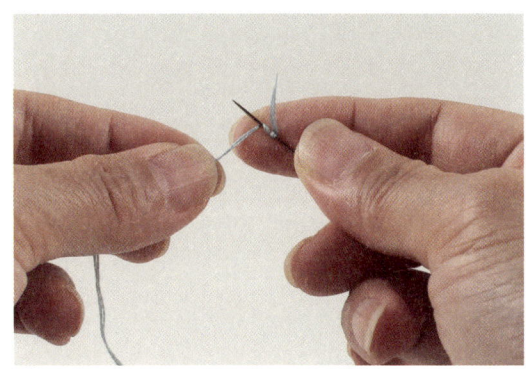

10. 수놓기

원하는 수를 예쁘게 놓아주세요.

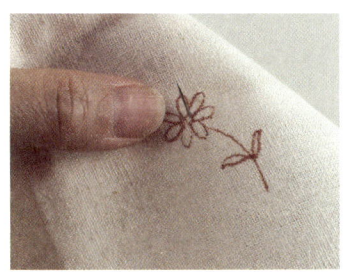 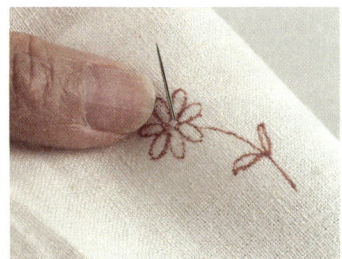 

11. 마무리하기

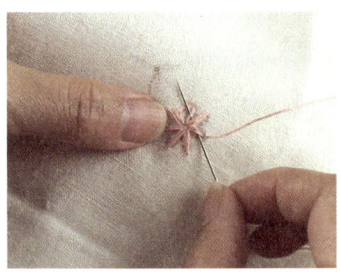 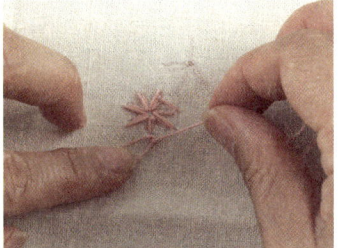

방법 1. 굵은 매듭을 짓는 것이 싫으면 매듭을 짓지 않고 실 사이를 통과하거나, 휘감아주세요.

방법 2. 자주 세탁하는 것에 수를 놓았다면 매듭을 지어서 마무리하는 게 좋습니다.

이 책에 사용되는 기본 스티치 기법

| 러닝 스티치 |
Running Stitch

| 스트레이트 스티치 |
Straight Stitch

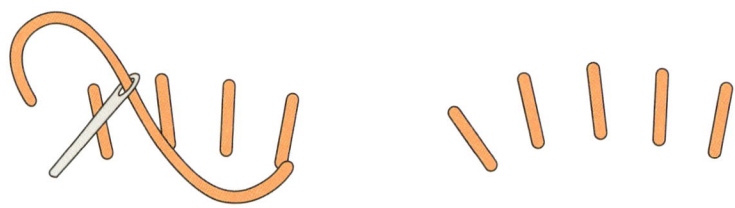

| 백 스티치 |
Back Stitch

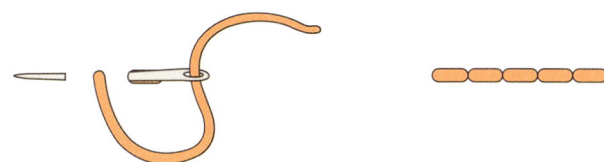

| 아우트라인 스티치 |
Outline Stitch

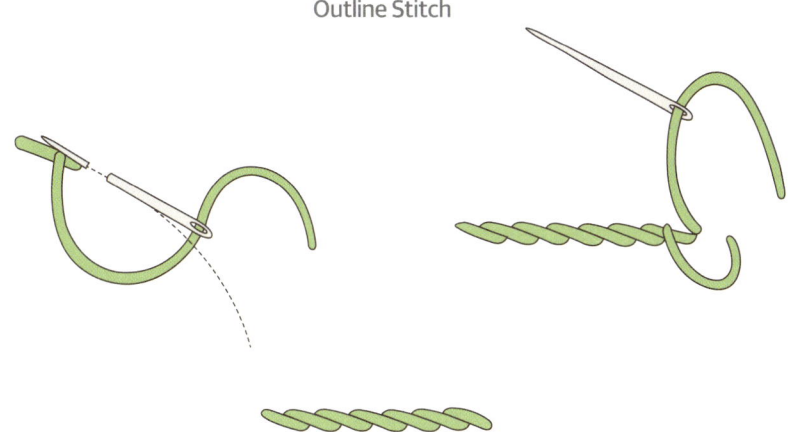

| 휘프트 러닝 스티치 |
Whipped Running Stitch

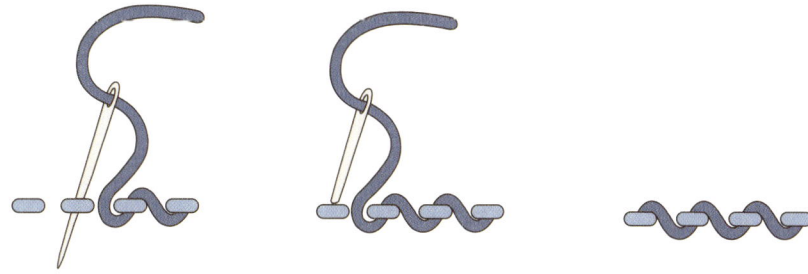

| 휘프트 백 스티치 |
Whipped Back Stitch

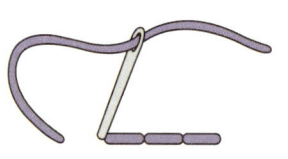 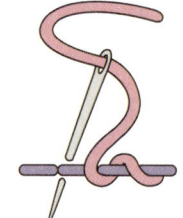 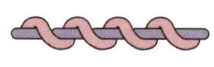

| 레이지 데이지 스티치 |
Lazy Daisy Stitch

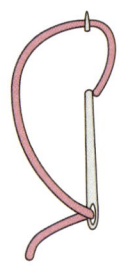 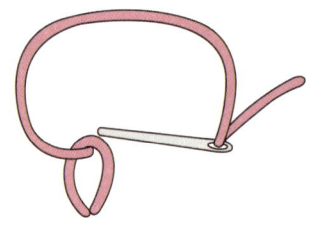

| 더블 레이지 데이지 스티치 |
Double Lazy Daisy Stitch

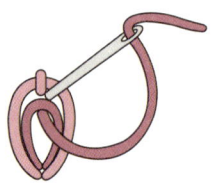 

| 체인 스티치 |
Chain Stitch

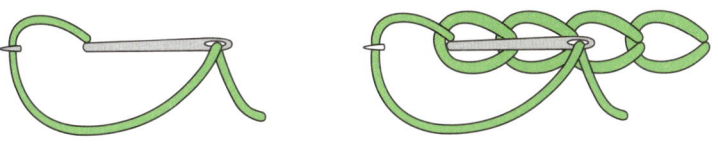

| 휘프트 체인 스티치 |
Whipped Chain Stitch

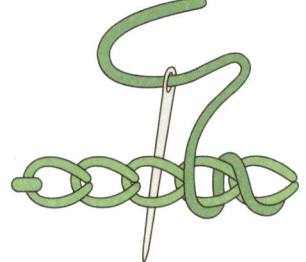

| 새틴 스티치 |
Satin Stitch

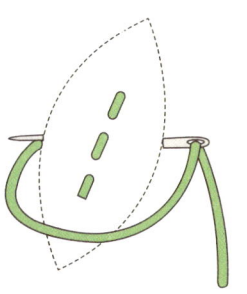

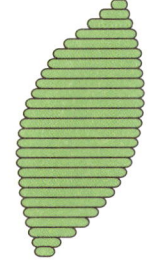

| 버튼홀 스티치 |
Buttonhole Stitch

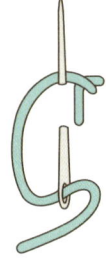  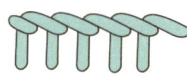

| 서클 버튼홀스티치 |
Circle Buttonhole Stitch

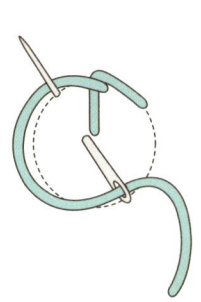  

| 플라이 스티치 |
Fly Stitch

  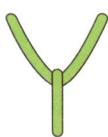

| 페더 스티치 |
Feather Stitch

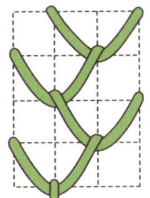

| 더블 페더 스티치 |
Double Feather Stitch

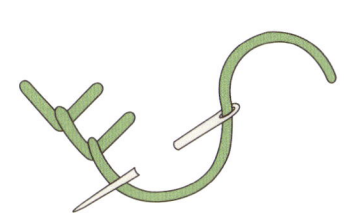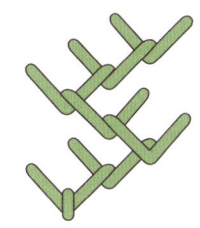

| 프렌치 노트 스티치 |
French Knot Stitch

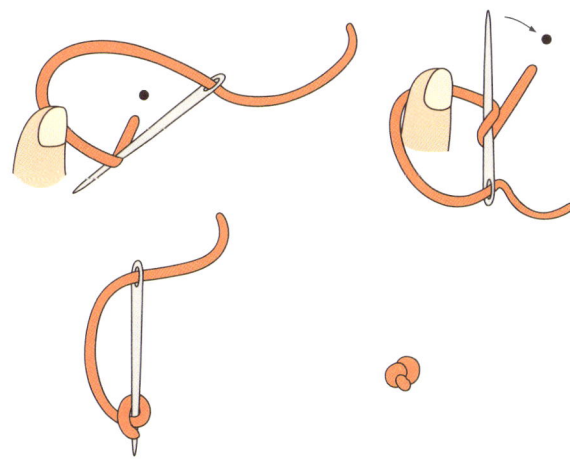

| 저먼 노트 스티치 |
German Knot Stitch

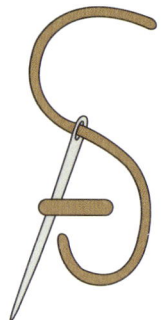  

| 롱앤드쇼트 스티치 |
Long & Short Stitch

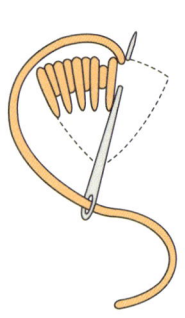 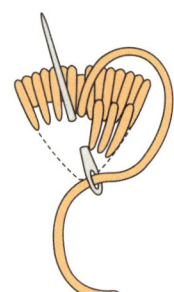 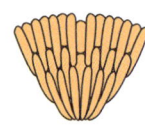

| 링 스티치 |
Ring Stitch

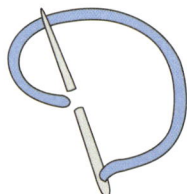 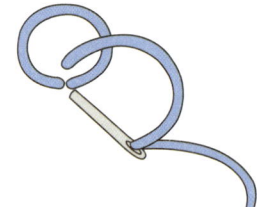 

| 카우칭 스티치 |
Couching Stitch

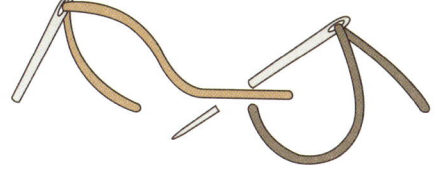

| 바스켓 스티치 |
Basket Stitch

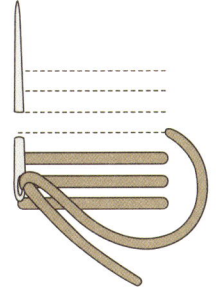
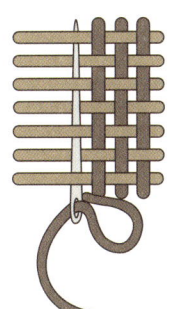

| 리프 스티치 |
Leaf Stitch

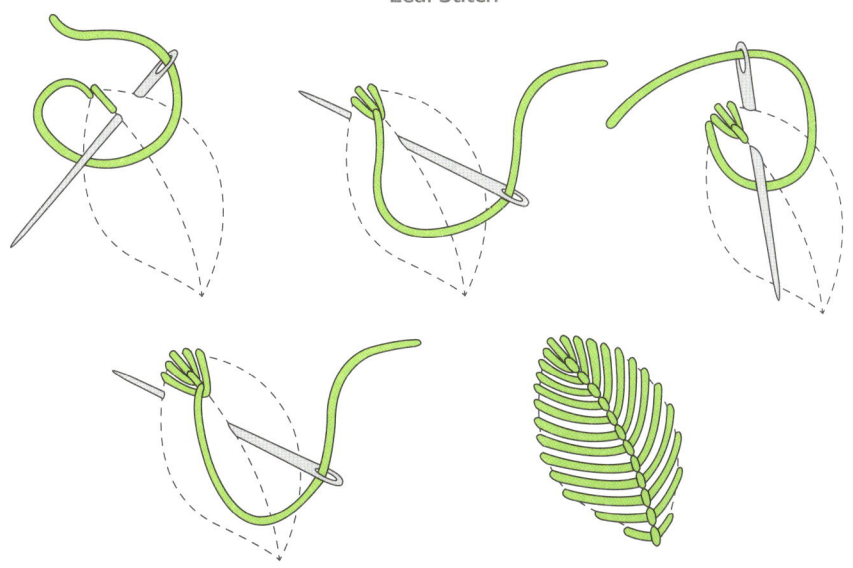

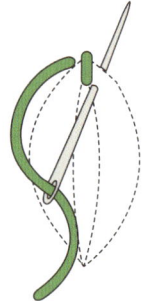 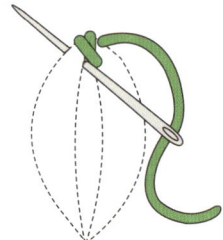 

| 피시본 스티치 |
Fishbone Stitch

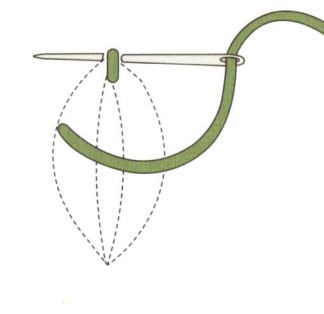 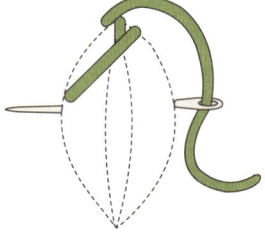

| 코럴 스티치 |
Coral Stitch

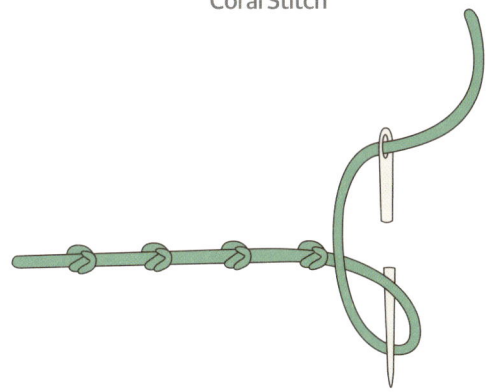

| 케이블 체인 스티치 |
Cable Chain Stitch

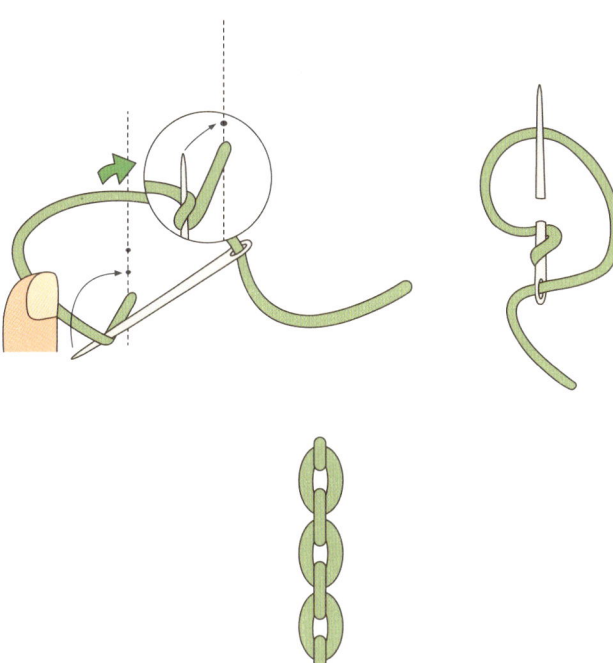

| 로제트 스티치 |
Rosette Stitch

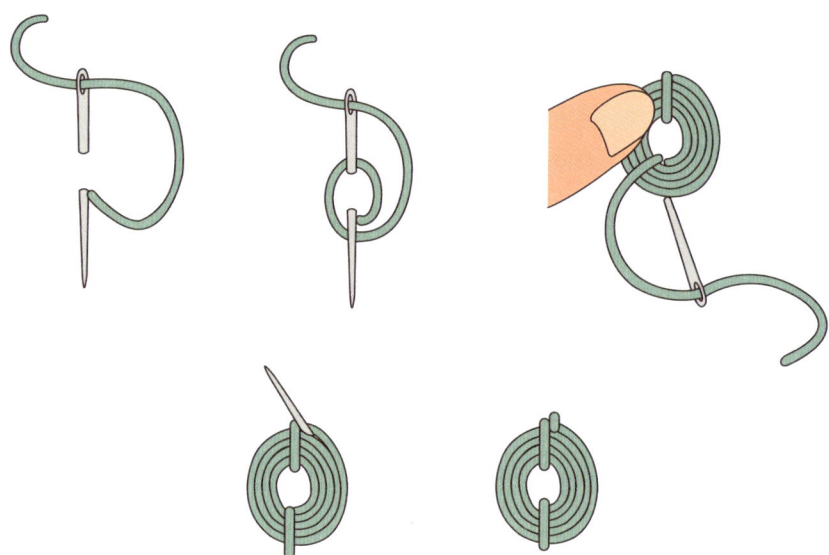

| 스파이더 웹 로즈 스티치 |
Spider Web Rose Stitch

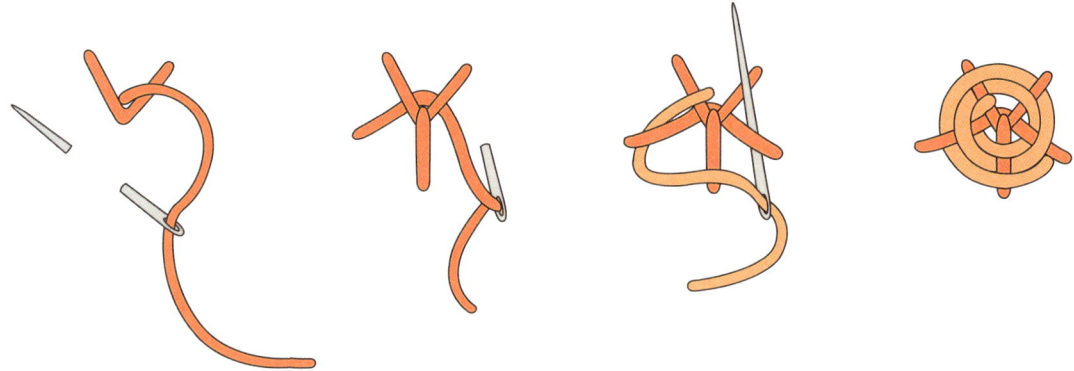

| 블리온 스티치 |
Bullion Stitch

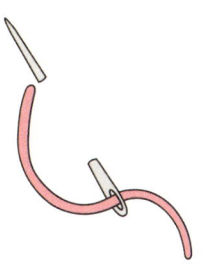
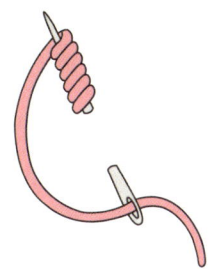

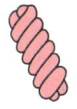

| 블리온 로즈 스티치 |
Bullion Rose Stitch

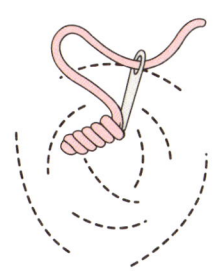
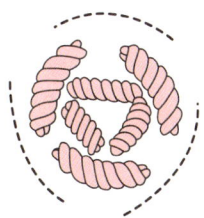

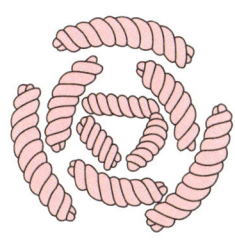

| 블리온 레이지 데이지 스티치 |
Bullion Lazy Daisy Stitch

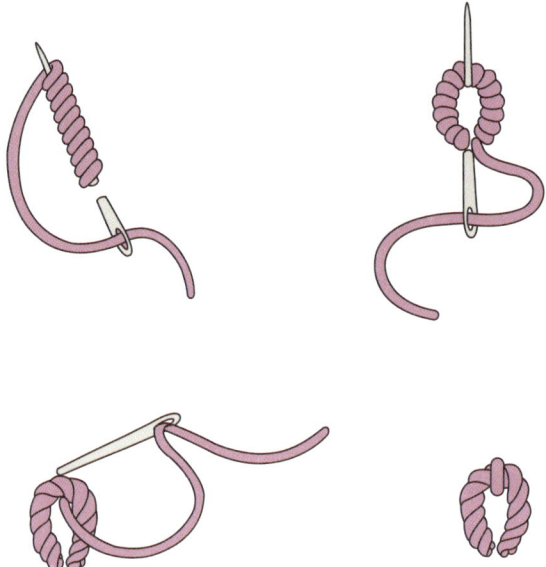

| 디태치드 트위스트 체인 스티치 |
Detached Twisted Chain Stitch

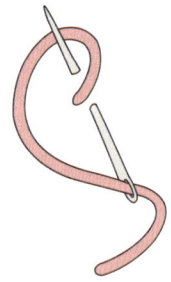 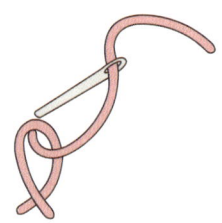 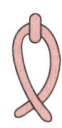

| 레이지드 스템 밴드 스티치 |
Raised Stem Band Stitch

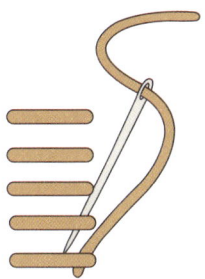 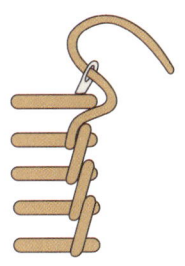  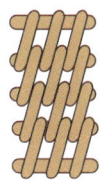

| 카우치트 트렐리스 스티치 |
Couched Trellis Stitch

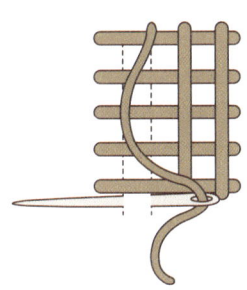 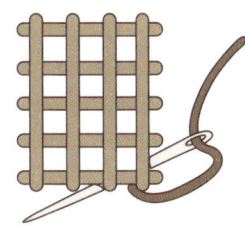 

| 실론 스티치 |
Ceylon Stitch

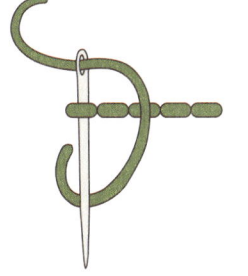   

이 책에 사용되는 입체 스티치 기법

| 캐스트 온 스티치 |
Cast On Stitch

꽃잎이 될 위쪽으로 바늘을 통과시켜주세요.

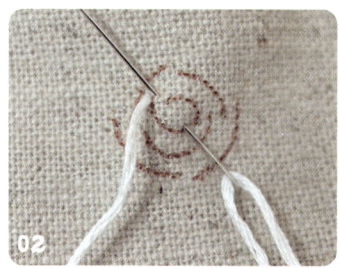

아래쪽에서 다시 위쪽으로 바늘을 꽂아둔 상태로

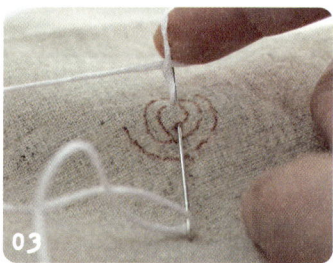

실을 오른쪽에서 왼쪽으로 한 바퀴 돌려 손가락에 걸어서

바늘에 걸어줍니다.

걸린 바늘의 실을 당겨주고

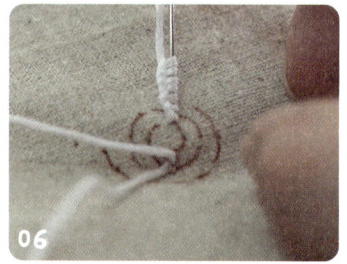

같은 방법으로 꽃잎의 길이만큼 바늘에 걸 어줍니다.

꽃잎의 길이만큼 완성이 되었으면

사진처럼 걸린 실들을 손으로 잡고 바늘을 빼냅니다.

밑으로 내려주면서 실을 잘 정리하고 바늘 을 꽃잎의 아래쪽으로 통과시킵니다.

10

11

11-1

다른 꽃잎도 마찬가지 방법으로 반복해서
꽃잎의 길이만큼 수를 놓아주어 완성시킵
니다.

같은 방법을 반복하면서 장미꽃 모양을 만들어줍니다 (사진 11, 11-1, 11-2).

11-2

12

완성

| 캐스트 온 링 스티치 |
Cast On Ring Stitch

바늘을 꽂아줍니다.

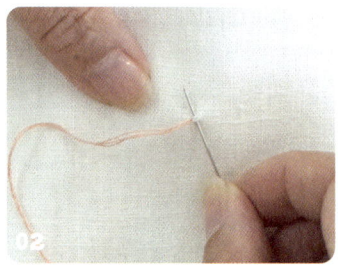

첫 번째 꽂은 바늘 옆에 바늘을 끼워 살짝 걸어줍니다.

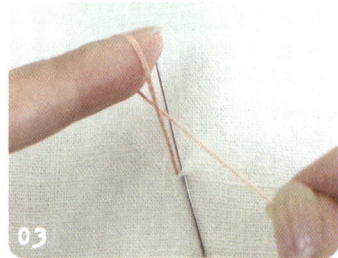

왼쪽 검지에 실을 한 번 감고 바늘에 걸어 줍니다.

같은 방법으로 20번 정도 감아 매듭을 만들어줍니다.

매듭을 손으로 살짝 잡고 바늘을 빼줍니다.

실을 깔끔하게 정리하면서 끝까지 잡아당겨줍니다.

처음 나온 곳으로 바늘을 빼내어 마무리해줍니다.

완성

| 더블 캐스트 온 스티치 |
Double Cast On Stitch

01

실 6가닥을 꽃잎 위쪽에서 통과시켜 줍니다.

02

실을 3가닥씩 반으로 갈라 나눕니다.

03

꽃잎 아래쪽에서 다시 위쪽으로 실을 꽂아둔 상태로

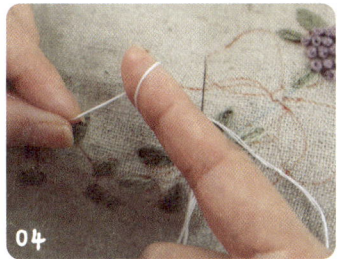

04

캐스트 온과 마찬가지로 실을 손가락에 걸어 바늘에 걸어줍니다.

05

왼쪽을 할 때는 오른손에 걸어 바늘에 걸어줍니다.

06

오른쪽을 할 때는 왼손에 걸어 양쪽으로 번갈아가며 반복합니다.

07

꽃잎의 길이만큼 걸어주었으면

08

매듭을 손으로 잡고

09

바늘을 빼줍니다.

10

양쪽으로 갈라진 실들을 같은 길이로 잘 정리하면서 빼줍니다.

11

아래쪽으로 내려준 뒤, 끝매듭을 깨끗하게 잘 정리하면서 꽃잎 아래쪽으로 통과시키 세요.

12

다른 꽃잎도 같은 방법으로 수를 놓습니다.

13

완성

| 레이지드 리프 스티치 |
Raised Leaf Stitch

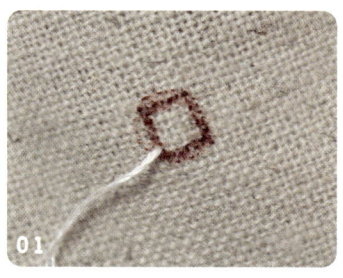

01

꽃잎을 만들 크기만큼 그려주고, 한쪽 귀퉁이에서 바늘을 빼어줍니다.

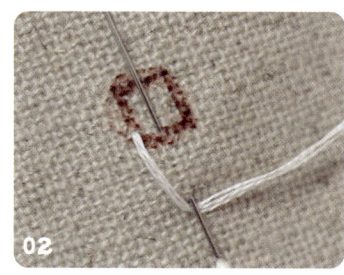

02

중심에 시침핀을 그림과 같이 꽂아줍니다.

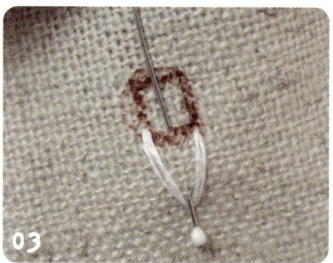

03

시침핀에 실을 걸어 반대쪽으로 실을 넣어줍니다.

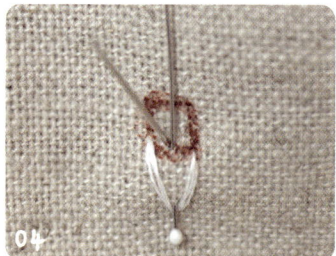

04

시침핀이 있는 중앙으로 다시 바늘을 빼내어

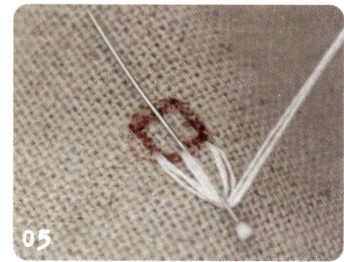

05

시침핀에 걸어줍니다.

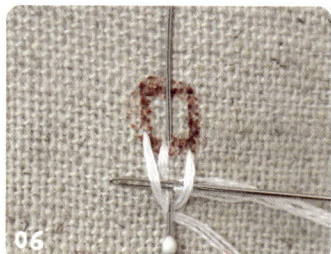

06

왼쪽 방향으로 양쪽 끝 실의 아래쪽으로 바늘을 빼내어 통과시켜 줍니다(06, 06-1).

07

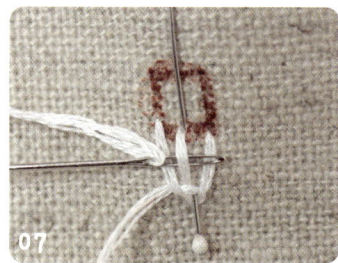

07-1

오른쪽 방향으로 가운데 있는 실의 아래쪽으로 통과시킵니다(07, 07-1).

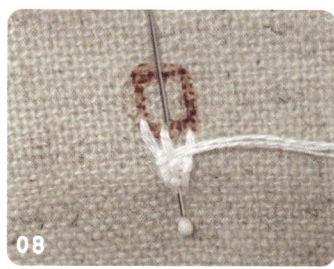

08

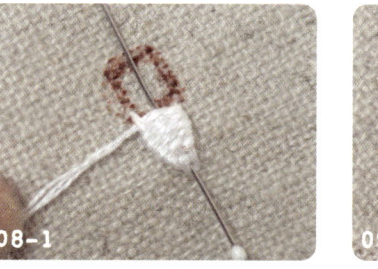

08-1

계속 같은 방법으로 실을 떠줍니다. 꽃잎의 모양이 망가지지 않도록 적당히 당겨가며 모양을 만들어줍니다(08, 08-1).

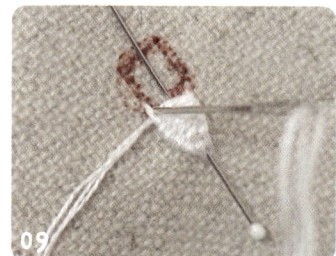

09

마무리해줍니다(09, 09-1).

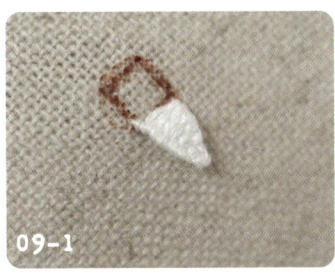

나머지 꽃잎도 같은 방법으로 완성해줍
니다.

두 개의 꽃잎을 위로 올려 가운데 시침핀
을 고정시킨 뒤, 위와 같은 방법으로 꽃잎
을 떠줍니다(11, 11-1).

나머지 4개의 꽃잎도 완성시킵니다(12, 12-1).

꽃잎의 가운데 부분을 프렌치 노트 스티치
로 수술을 놓아줍니다.

완성

| 스미르나 스티치 |
Smyrna Stitch

수놓을 꽃잎을 그려준 뒤 제일 바깥쪽 라인부터 시작해주세요.

실을 위쪽으로 올려놓고, 백 스티치처럼 한 땀을 떠준 뒤 반대방향으로 떠주세요.

완전히 빼지 말고 꽃잎이 될 실을 적당히 남겨주세요.

실을 아래로 향하게 한 뒤, 되돌아가서 또 한 땀을 떠줍니다.

실을 끝까지 당겨주세요. 꽃잎이 되는 실이 풀리지 않도록 고정을 시켜주는 작업입니다.

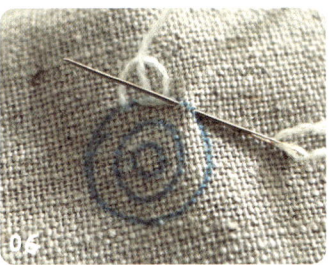

다시 실을 위쪽으로 향하게 한 뒤, 한 땀 옆으로 갔다가 되돌아 떠주어 꽃잎을 만들어주세요.

04와 같은 방법으로 떠주세요.

같은 방법으로 반복하면서 꽃잎을 수놓으세요.

두 번째 안쪽 동그라미도 같은 방법으로 채워주세요.

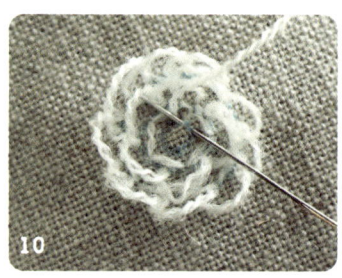

10

세 번째 동그라미도 같은 방법으로 채워주
세요.

11

꽃잎이 완성되었습니다. 땀을 더 촘촘하게
하거나, 동그라미의 개수를 많이 할수록
풍성한 꽃잎이 됩니다(Baby Room의 폼
폼을 수놓을 때는 고리 위쪽을 잘라 가위
로 정리해주세요).

12

안쪽에 프렌치 노트 스티치로 꽃을 완성해
주세요.

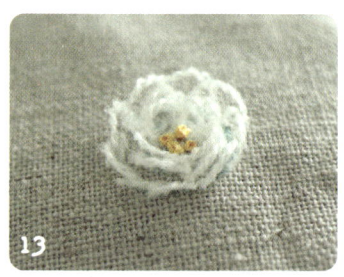

13

완성

| 와이어 스티치 |
Wire Stitch

철사를 원하는 모양으로 만들어줍니다.

양쪽 끝을 단단히 고정시켜줍니다(02, 02-1).

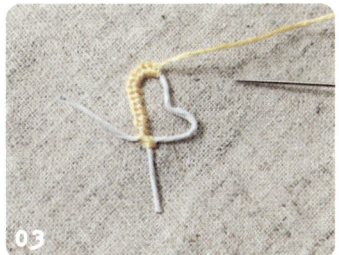

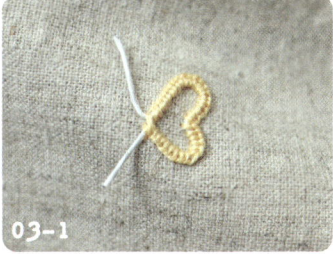

철사를 끼고 버튼홀 스티치를 꼼꼼하게 놓아줍니다(03, 03-1).

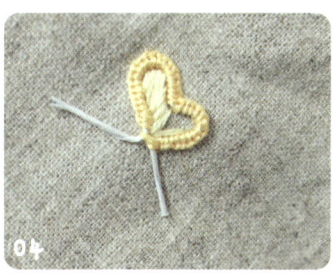

가운데 부분을 롱앤드쇼트 스티치나 새틴 스티치로 가운데 면을 채워줍니다(04, 04-1).

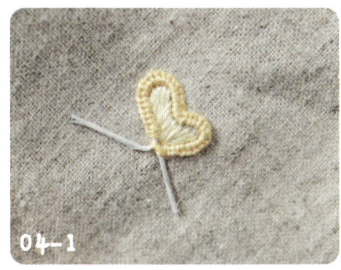

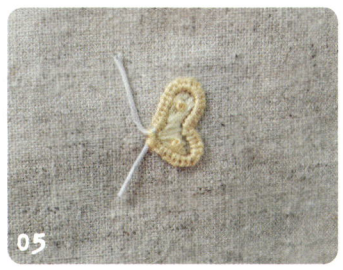

프렌치 노트 스티치를 놓아줍니다.

가장자리를 바짝 잘라줍니다. 이때 수놓은 실이 잘리지 않도록 주의하세요.

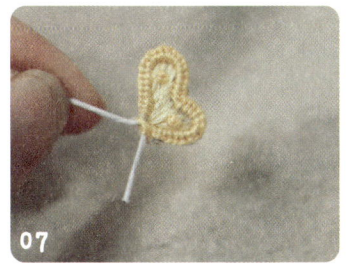

이렇게 완성되었습니다.

천에 두 철사를 통과시켜 꽂아주고

뒤쪽도 마무리해주세요.

작품

< 본문에 있는 도안을 자유롭게 확대/축소 복사해서 사용하세요. >

Love

이 책에 실린 작품 중 가장 쉽고 단순한 기법으로만 이루어졌지만,
디테일한 패턴이 반복되기 때문에 인내심이 필요해요.
하지만 완성하고 나면 뿌듯하고 고급스러운 작품입니다.
그래서 이 작품명도 숨 쉬듯 익숙한 단어이지만,
실천하기 어려운 단어인 'LOVE'입니다.

사용된 실	**25번사** : 742, 743, 780, 895 **베리에이션사** : 4045, 4066 **울사** : W353
사용된 패브릭	린넨(아이보리)
사용된 스티치	레이지 데이지 스티치, 새틴 스티치, 아우트라인 스티치, 프렌치 노트 스티치, 플라이 스티치
수놓기	• 지정한 실 외에는 모두 2가닥으로 사용합니다. • 프렌치 노트 스티치는 2가닥으로 3번 감습니다.

줄기 베이스 라인입니다.
아우트라인s(780)

새틴s(895)

아우트라인s(W353)

백s(875)

레이지 데이지s
(베리에이션사 4045)

플라이s
(베리에이션사 4045)

빨간색으로 표시한 구간까지
베리에이션사 4066으로
나머지는 베리에이션사 4045번으로
사용합니다.

프렌치 노트s(742)

프렌치 노트s(743)

플라이s(베리에이션사 4066)

쿠션 만들기

(완성된 쿠션 사이즈 : 40x40cm)

: 재료　　수를 놓은 원단 42x42cm 2장, 지퍼

시접 1cm

01 원단 2장을 모두 시접을 포함하여 42x42cm로 재단해주세요.
　　 창구멍을 남겨놓고, 시접 1cm 간격으로 박음질해주세요.

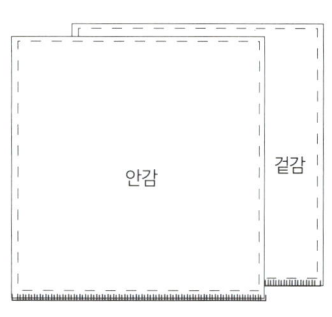

안감　　겉감

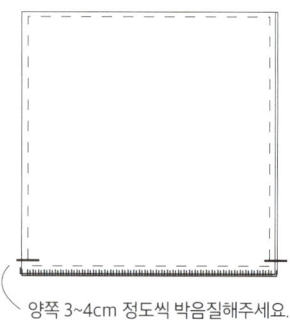

양쪽 3~4cm 정도씩 박음질해주세요.

02 지퍼가 달리는 방향에 오버로크를 해주고, 겉면끼리 맞대어 양쪽에 4cm 정도씩 박
　　 음질을 해주세요.

03 지퍼를 뒤쪽에 놓고 시접 1cm씩 접어서 박아주세요.

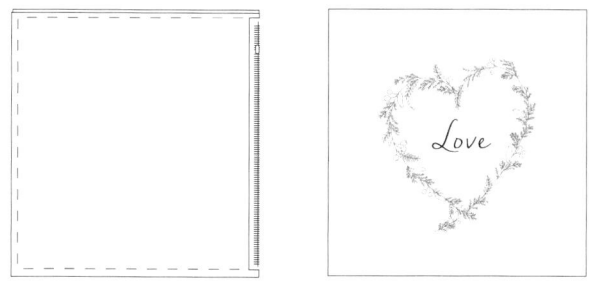

04 겉면끼리 맞대고 3면을 박음질한 후 지퍼를 열고 뒤집어주세요.

Baby

가장 순수한 사랑의 결정체이자 인간에게 주어진
사랑으로 이루어진 최고의 선물 'BABY'.
러블리한 핑크 꽃으로 아지랑이 피어나듯 표현했어요.

사용된 실	**25번사** : 225, 470, 471, 760, 761, 899, 961, 963, 989, 3608, 3348, 3689 **메탈릭사** : 4024
사용된 패브릭	워싱면 100%(화이트)
사용된 스티치	레이지 데이지 스티치, 백 스티치, 블리온 스티치, 블리온 로즈 스티치, 새틴 스티치, 서클 버튼홀 스티치, 스파이더 웹 로즈 스티치, 아우트라인 스티치, 프렌치 노트 스티치, 플라이 스티치, 플랫 스티치
수놓기	• 지정한 실 외에는 모두 2가닥으로 사용합니다. • 프렌치 노트 스티치는 지정한 실 외에는 2가닥으로 2번을 감습니다.

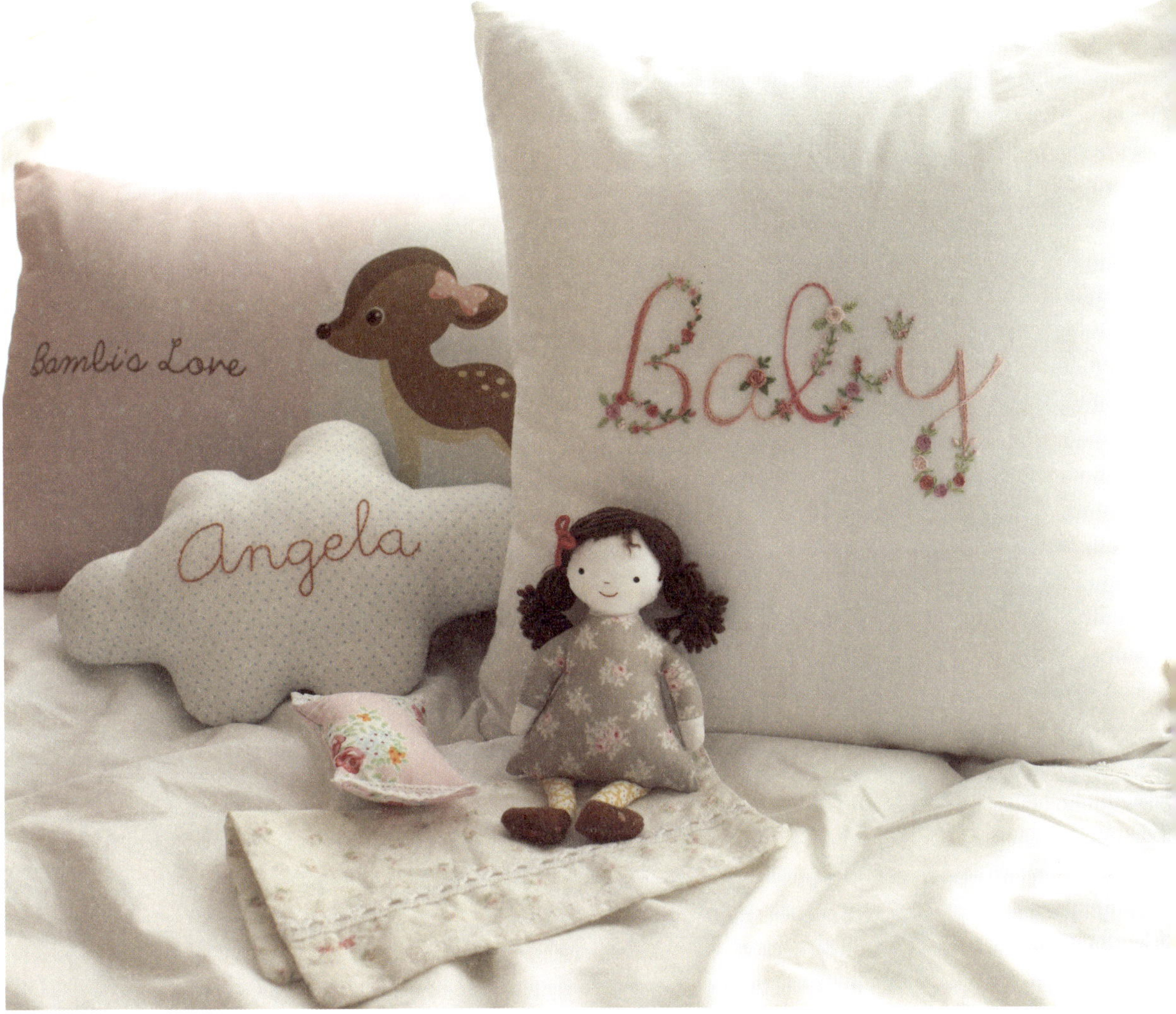
Bambi's Love
Baby
Angela

Baby
I love you

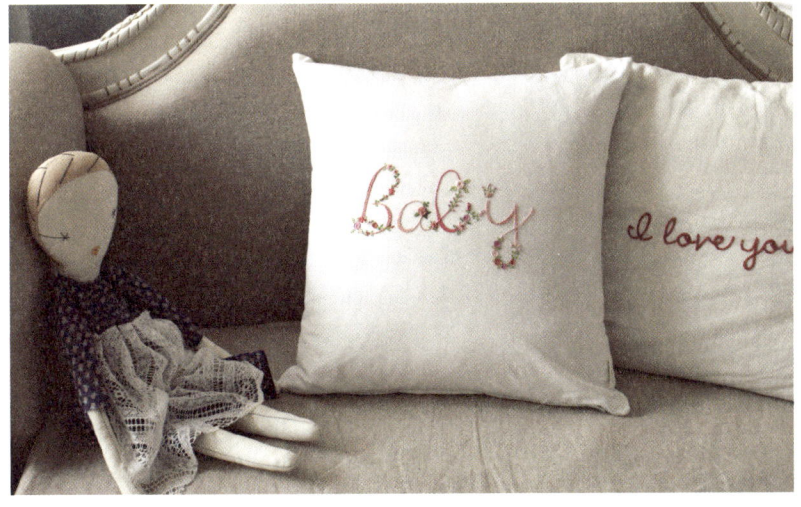

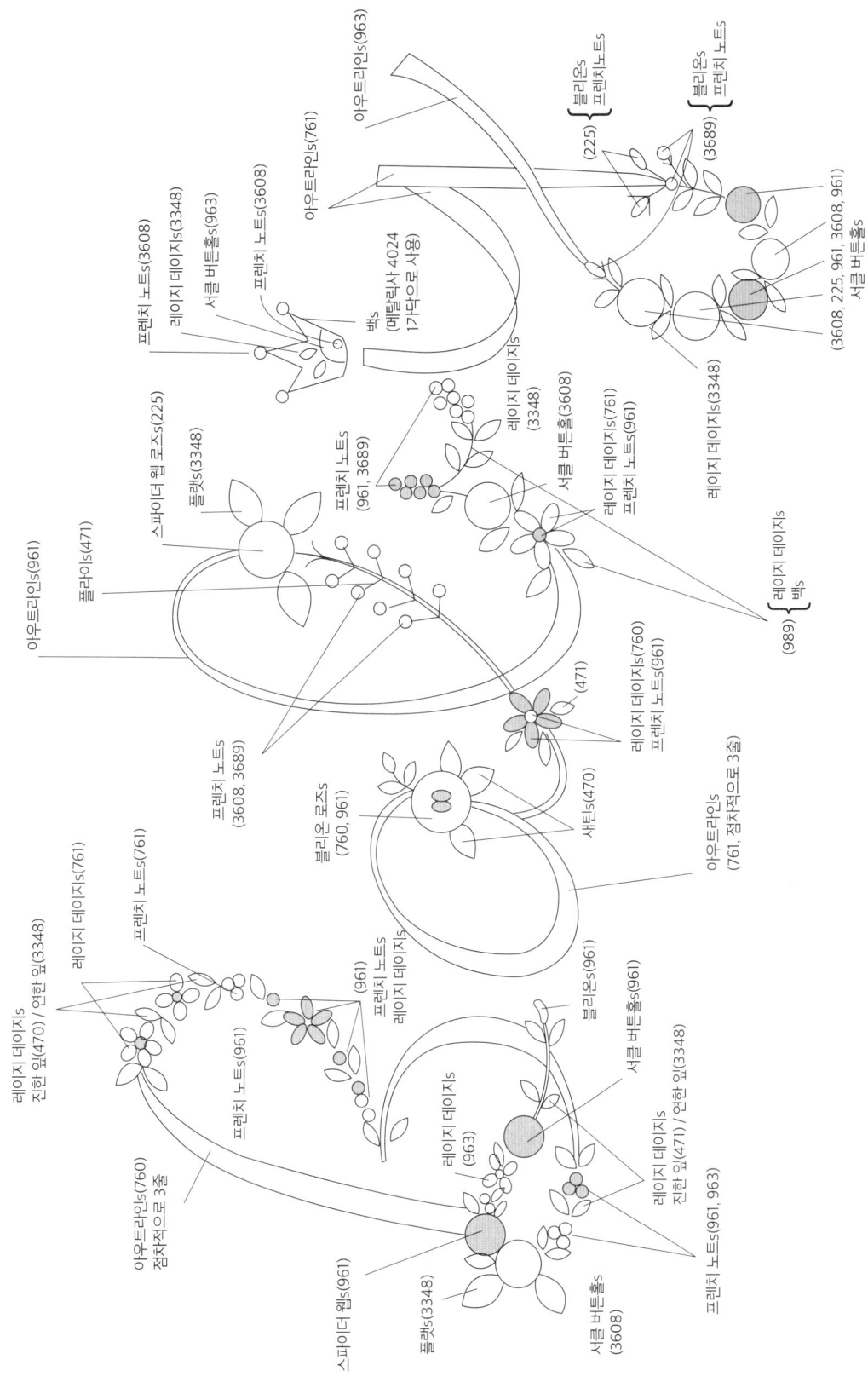

꽃길

작은 하얀 들풀, 파란하늘의 흰 구름, 밤하늘의 작은 별,
희미하게 느껴지는 라일락 향기, 살랑거리는 저녁 공기 내음,
예고 없이 흘러나오는 음악소리, 내내 숨어 있던 꽃망울을 발견했을 때의 기쁨!
그런 소소한 일들에 감동할 수 있는 사랑의 감수성을 소유하고 있음에 감사합니다.
저는 매일 예쁜 꿈속의 꽃길을 걸으며 살고 싶습니다.

사용된 실	25번사 : white, 225, 349, 372, 435, 452, 471, 597, 610, 721, 725, 729, 743, 745, 760, 761, 772, 778, 921, 963, 3041, 3364, 3836, 3841 베리에이션사 : 4066
사용된 패브릭	린넨(화이트)
사용된 스티치	러닝 스티치, 레이지 데이지 스티치, 레이지드 리프 스티치, 백 스티치, 버튼홀 스티치, 블리온 로즈 스티치, 새틴 스티치, 스미르나 스티치, 스트레이트 스티치, 스파이더 웹 로즈 스티치, 아웃트라인 스티치, 체인 스티치, 캐스트 온 스티치, 페더 스티치, 프렌치 노트 스티치, 플랫 스티치
수놓기	• 지정한 실 외에는 모두 2가닥으로 사용합니다. • 프렌치 노트 스티치는 지정한 실 외에는 2가닥으로 2번 감습니다. • 망사리본을 준비합니다. • 스미르나 스티치 후 가위로 커팅해줍니다.

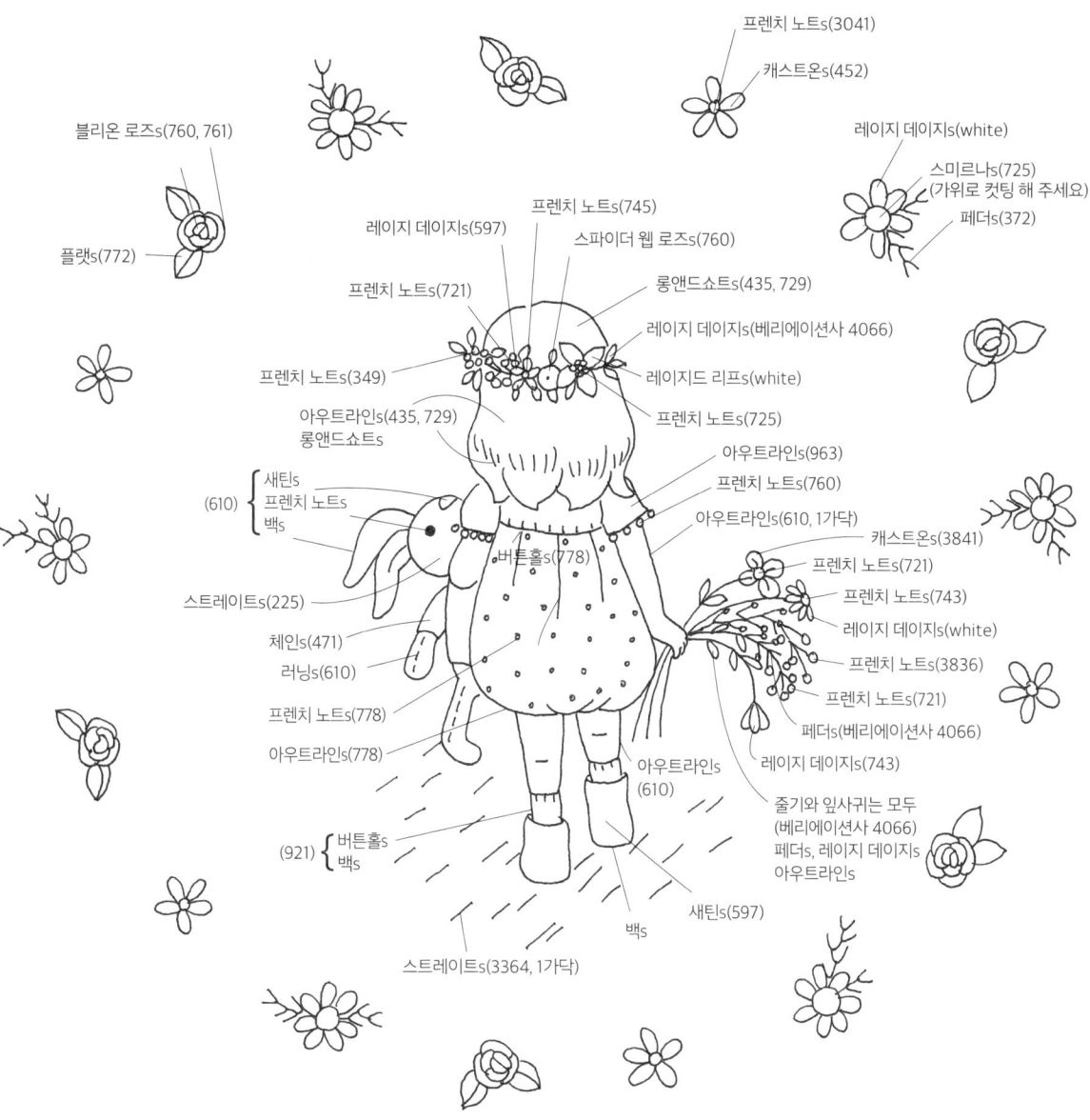

프렌치 노트s(3041)
캐스트온s(452)
레이지 데이지s(white)
스미르나s(725)
(가위로 컷팅 해 주세요)
페더s(372)

블리온 로즈s(760, 761)
플랫s(772)

레이지 데이지s(597)
프렌치 노트s(745)
스파이더 웹 로즈s(760)
롱앤드쇼트s(435, 729)
레이지 데이지s(베리에이션사 4066)
레이지드 리프s(white)
프렌치 노트s(725)

프렌치 노트s(721)
프렌치 노트s(349)
아웃트라인s(435, 729)
롱앤드쇼트s

새틴s
(610) { 프렌치 노트s
백s

아웃트라인s(963)
프렌치 노트s(760)
아웃트라인s(610, 1가닥)
캐스트온s(3841)
프렌치 노트s(721)
프렌치 노트s(743)
레이지 데이지s(white)
프렌치 노트s(3836)
프렌치 노트s(721)
페더s(베리에이션사 4066)
레이지 데이지s(743)

버튼홀s(778)
스트레이트s(225)
체인s(471)
러닝s(610)
프렌치 노트s(778)
아웃트라인s(778)

아웃트라인s
(610)

줄기와 잎사귀는 모두
(베리에이션사 4066)
페더s, 레이지 데이지s
아웃트라인s

버튼홀s
(921) { 백s

새틴s(597)
백s
스트레이트s(3364, 1가닥)

069

지우의 꽃밭

딸아이가 어릴 때 정발산에 자주 가곤 했는데요.
봄이나 여름에 그곳에 가면 들판에 널려 있는 갖가지 예쁜 들꽃으로
아이가 직접 고사리 같은 손으로 예쁜 화관을 만들어 쓰곤 했어요.
저보다 훨씬 잘 만드는 것이 기특하기도 하고,
그 화관을 쓴 지우의 모습이 사랑스럽고 예뻐서 사진에 많이 담았죠.
그때 지우의 이미지를 추억으로 남기고 싶어서
하게 된 케이블루의 첫 도안이랍니다.

사용된 실	**25번사** : white, 225, 320, 402, 471, 522, 612, 742, 758, 760, 761, 813, 840, 922, 961, 963, 3031, 3042, 3363, 3364, 3726
사용된 패브릭	린넨(아이보리)
사용된 스티치	러닝 스티치, 레이지 데이지 스티치, 레이지드 리프 스티치, 로제트 스티치, 백 스티치, 블리온 스티치, 블리온 로즈 스티치, 스파이더 웹 로즈 스티치, 아우트라인 스티치, 카우칭 스티치, 페더 스티치, 프렌치 노트 스티치, 플라이 스티치, 휘프트 러닝 스티치
수놓기	• 지정한 실 외에는 모두 2가닥으로 사용합니다. • 프렌치 노트 스티치는 지정한 실 외에는 2가닥으로 2번 감습니다.

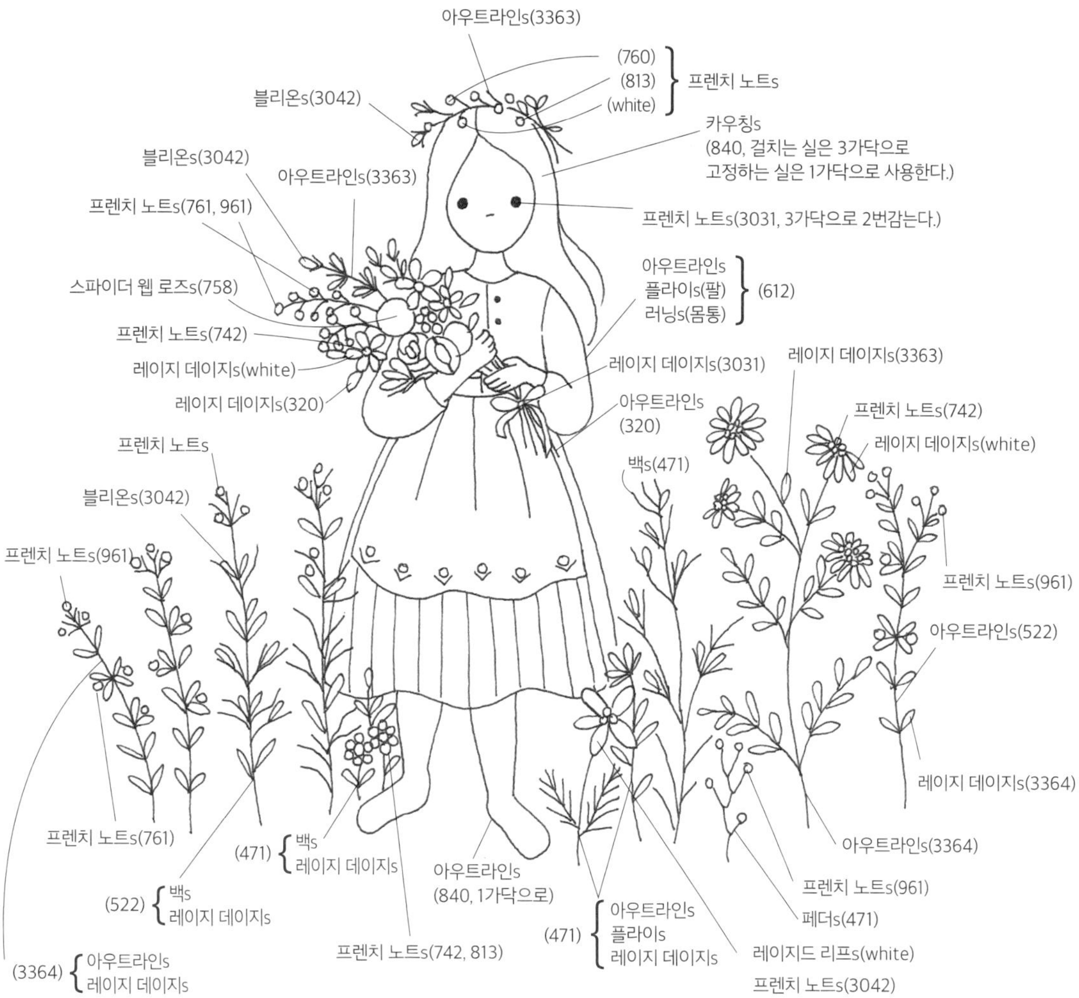

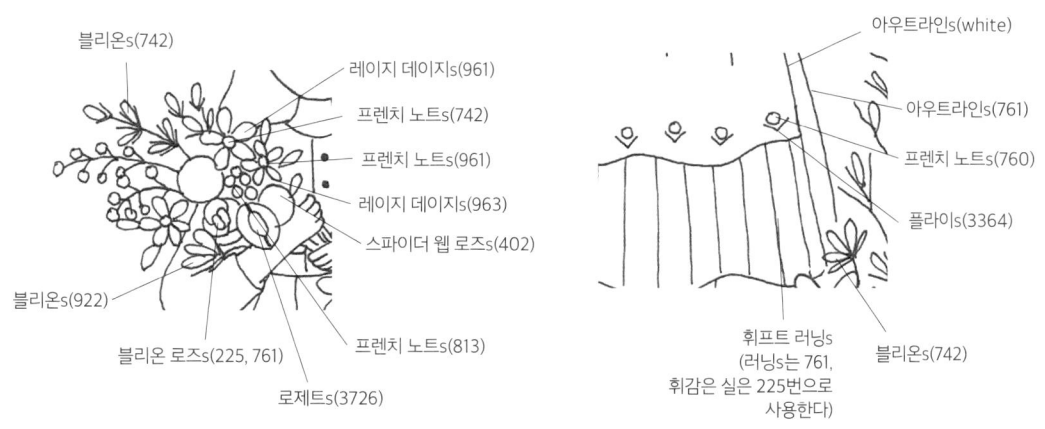

아우트라인s(3363)

(760)
(813) } 프렌치 노트s
(white)

블리온s(3042)

카우칭s
(840, 걸치는 실은 3가닥으로
고정하는 실은 1가닥으로 사용한다.)

블리온s(3042)

아우트라인s(3363)

프렌치 노트s(761, 961)

프렌치 노트s(3031, 3가닥으로 2번감는다.)

스파이더 웹 로즈s(758)

아우트라인s
플라이s(팔) } (612)
러닝s(몸통)

프렌치 노트s(742)

레이지 데이지s(white)

레이지 데이지s(3031)

레이지 데이지s(3363)

레이지 데이지s(320)

아우트라인s
(320)

프렌치 노트s(742)

프렌치 노트s

레이지 데이지s(white)

블리온s(3042)

백s(471)

프렌치 노트s(961)

프렌치 노트s(961)

아우트라인s(522)

프렌치 노트s(761)

레이지 데이지s(3364)

(471) { 백s
레이지 데이지s

아우트라인s(3364)

(522) { 백s
레이지 데이지s

아우트라인s
(840, 1가닥으로)

프렌치 노트s(961)

페더s(471)

(3364) { 아우트라인s
레이지 데이지s

프렌치 노트s(742, 813)

(471) { 아우트라인s
플라이s
레이지 데이지s

레이지드 리프s(white)

프렌치 노트s(3042)

블리온s(742)

레이지 데이지s(961)

프렌치 노트s(742)

프렌치 노트s(961)

레이지 데이지s(963)

스파이더 웹 로즈s(402)

블리온s(922)

블리온 로즈s(225, 761)

프렌치 노트s(813)

로제트s(3726)

아우트라인s(white)

아우트라인s(761)

프렌치 노트s(760)

플라이s(3364)

휘프트 러닝s
(러닝s는 761,
휘감은 실은 225번으로
사용한다)

블리온s(742)

077

뷰티풀 데이즈

꽃들이 아름답게 피어 있는 작은 정원을 가지려면
열심히 땅을 일구고 날씨를 파악하고
물을 주어야 하는 부지런함이 필요해요.
매일매일 정성을 다하여 움직이다 보니
자연의 아름다움이 힐링을 선사하네요.
요즘 마당을 돌보는 제 모습인 듯해요.
우리의 삶도 정성스레 가꾸어야 행복한 날들이 오겠지요.

사용된 실	25번사 : white, 223, 225, 320, 322, 433, 453, 469, 471, 610, 612, 704, 727, 742, 743, 760, 761, 778, 813, 825, 827, 899, 921, 922, 931, 932, 961, 987, 3031, 3042, 3052, 3363, 3712, 3855 메탈릭사 : 4024
사용된 패브릭	광목(화이트)
사용된 스티치	더블 레이지 데이지 스티치, 러닝 스티치, 레이지 데이지 스티치, 레이지드 리프 스티치, 바스켓 스티치, 백 스티치, 블리온 스티치, 블리온 레이지 데이지 스티치, 블리온 로즈 스티치, 새틴 스티치, 서클 버튼홀 스티치, 스트레이트 스티치, 스파이더 웹 로즈 스티치, 아우트라인 스티치, 체인 스티치, 카우칭스티치, 카우치트 트렐리스 스티치, 페더 스티치, 프렌치 노트 스티치, 플랫 스티치, 피시본 스티치, 휘프트 체인 스티치
수놓기	• 지정한 실 외에는 모두 2가닥으로 사용합니다. • 프렌치 노트 스티치는 지정한 실 외에는 2가닥으로 2번 감습니다.

Beautiful Days

Beautiful Days

Beautiful Days

아우트라인s(922)

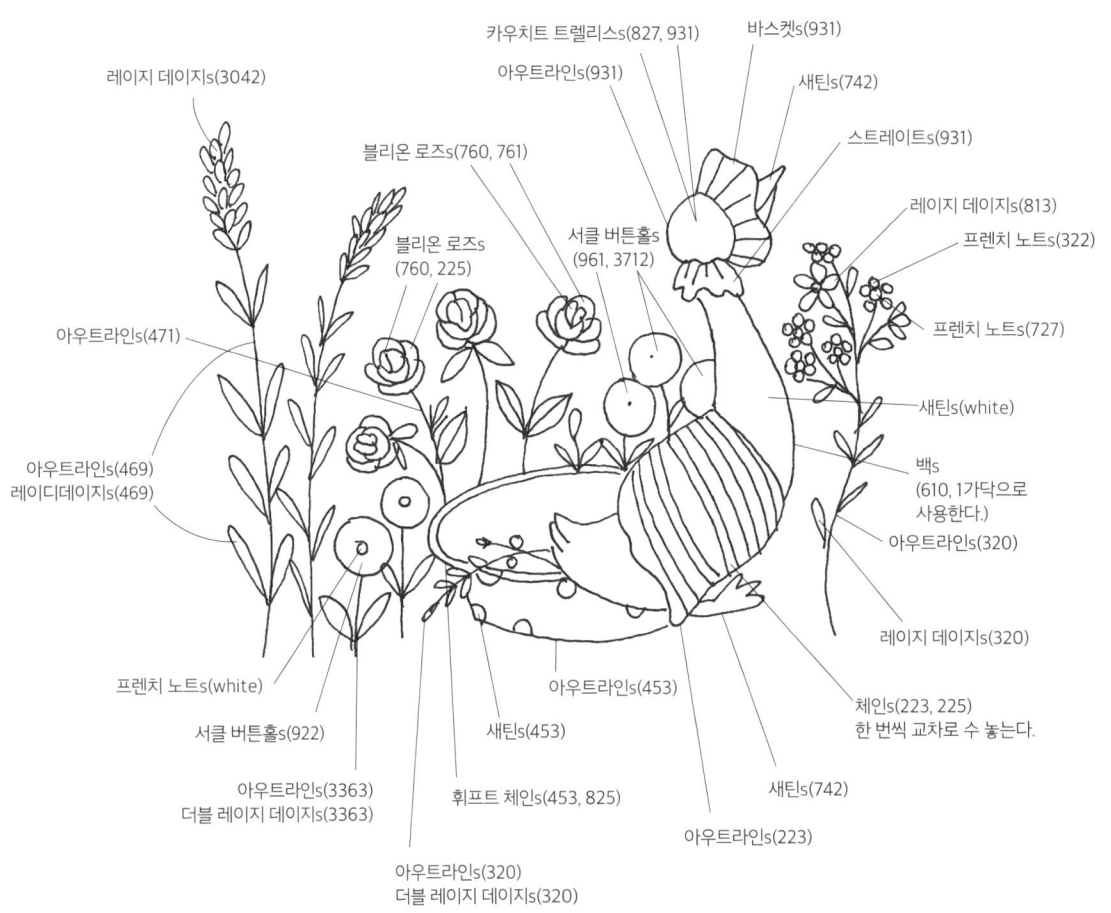

레이지 데이지s(3042)

카우치트 트렐리스s(827, 931)

아우트라인s(931)

바스켓s(931)

새틴s(742)

스트레이트s(931)

블리온 로즈s(760, 761)

레이지 데이지s(813)

프렌치 노트s(322)

블리온 로즈s
(760, 225)

서클 버튼홀s
(961, 3712)

프렌치 노트s(727)

아우트라인s(471)

새틴s(white)

백s
(610, 1가닥으로
사용한다.)

아우트라인s(469)
레이디데이지s(469)

아우트라인s(320)

레이지 데이지s(320)

프렌치 노트s(white)

아우트라인s(453)

체인s(223, 225)
한 번씩 교차로 수 놓는다.

서클 버튼홀s(922)

새틴s(453)

새틴s(742)

아우트라인s(3363)
더블 레이지 데이지s(3363)

휘프트 체인s(453, 825)

아우트라인s(223)

아우트라인s(320)
더블 레이지 데이지s(320)

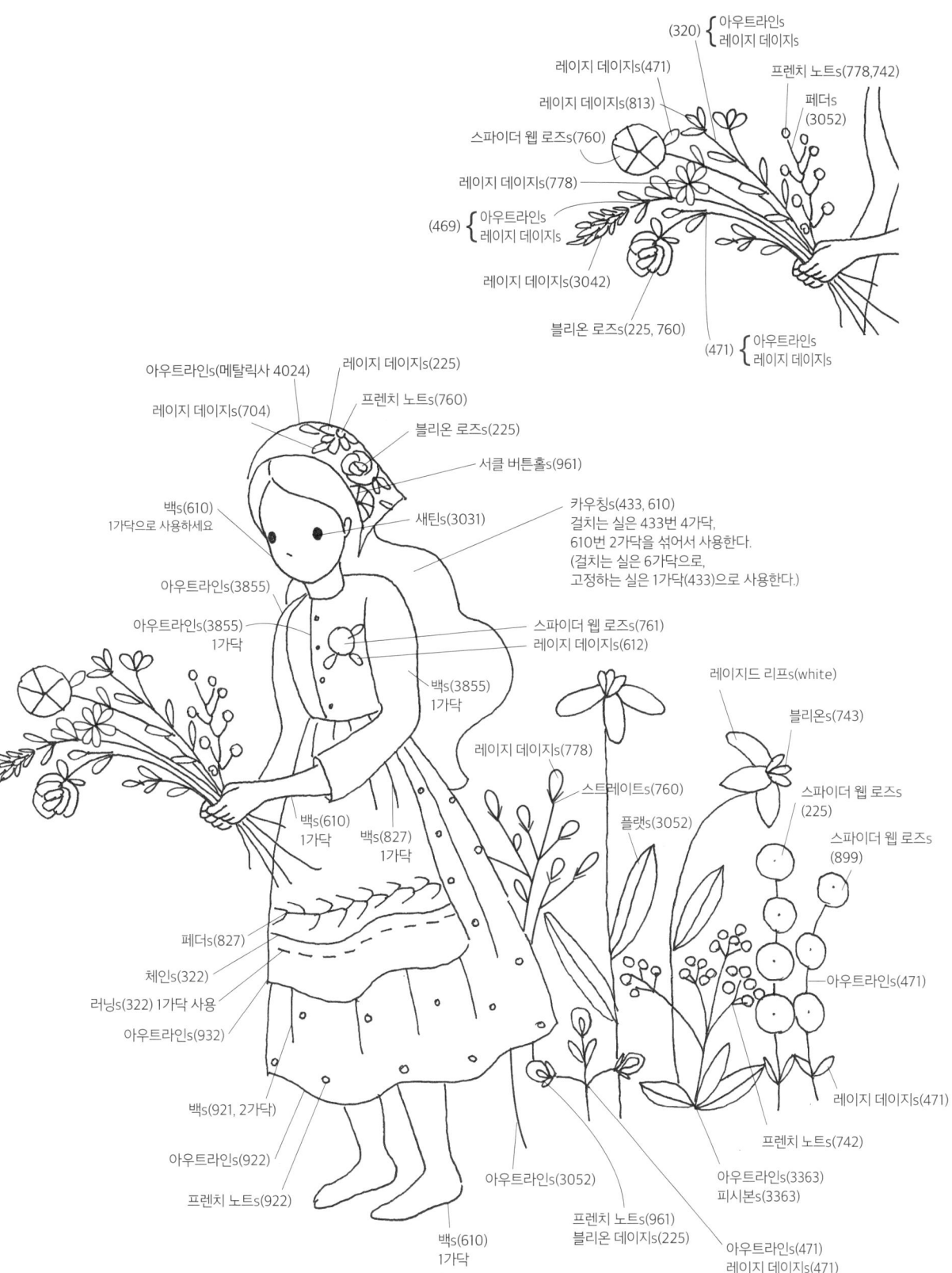

(320) { 아우트라인s
레이지 데이지s

레이지 데이지s(471)

레이지 데이지s(813)

스파이더 웹 로즈s(760)

프렌치 노트s(778,742)

페더s
(3052)

레이지 데이지s(778)

(469) { 아우트라인s
레이지 데이지s

레이지 데이지s(3042)

블리온 로즈s(225, 760)

(471) { 아우트라인s
레이지 데이지s

아우트라인s(메탈릭사 4024)

레이지 데이지s(225)

레이지 데이지s(704)

프렌치 노트s(760)

블리온 로즈s(225)

서클 버튼홀s(961)

백s(610)
1가닥으로 사용하세요

새틴s(3031)

카우칭s(433, 610)
걸치는 실은 433번 4가닥,
610번 2가닥을 섞어서 사용한다.
(걸치는 실은 6가닥으로,
고정하는 실은 1가닥(433)으로 사용한다.)

아우트라인s(3855)

아우트라인s(3855)
1가닥

스파이더 웹 로즈s(761)
레이지 데이지s(612)

레이지드 리프s(white)

블리온s(743)

백s(3855)
1가닥

레이지 데이지s(778)

스파이더 웹 로즈s
(225)

스트레이트s(760)

플랫s(3052)

스파이더 웹 로즈s
(899)

백s(610)
1가닥

백s(827)
1가닥

아우트라인s(471)

페더s(827)

체인s(322)

러닝s(322) 1가닥 사용

아우트라인s(932)

레이지 데이지s(471)

백s(921, 2가닥)

아우트라인s(922)

프렌치 노트s(742)

프렌치 노트s(922)

아우트라인s(3363)
피시본s(3363)

아우트라인s(3052)

프렌치 노트s(961)
블리온 데이지s(225)

아우트라인s(471)
레이지 데이지s(471)

백s(610)
1가닥

나의 친구

어릴 적 아파트에서 토끼를 키우는 친구를 무척이나 부러워했고,
실제로 본 토끼의 모습에 홀딱 반해 좋아하게 된 토끼인형.
토끼띠인 아들을 위해 작은 노랑 토끼인형을 가장 먼저 선물해주었고,
디자인 공부를 할 때도 제 그림에는 언제나 토끼가 등장했죠.
어른이 된 지금도 역시 제일 많이 가지고 있는 토끼인형!
사랑스런 토끼와 예쁜 꽃들과 소품들이 어우러진 넝쿨 그림을 도안해보았어요.
늘 전원생활을 꿈꾸는 저에게 이 넝쿨은 꿈을 선사하는 모티브랍니다.

사용된 실	**25번사** : white, 209, 225, 320, 371, 402, 437, 471, 522, 597, 610, 612, 646, 718, 739, 742, 743, 745, 747, 758, 760, 761, 793, 794, 827, 921, 922, 961, 987, 989, 3031, 3042, 3052, 3348, 3726, 3828 **메탈릭사** : 4024
사용된 패브릭	린넨(아이보리)
사용된 스티치	더블 레이지 데이지 스티치, 더블 페더 스티치, 러닝 스티치, 레이지 데이지 스티치, 롱앤드쇼트 스티치, 리프 스티치, 링 스티치, 백 스티치, 버튼홀 스티치, 블리온 스티치, 블리온 데이지 스티치, 블리온 로즈 스티치, 새틴 스티치, 서클 버튼 홀 스티치, 스트레이트 스티치, 스파이더 웹 로즈 스티치, 아 우트라인 스티치, 체인 스티치, 페더 스티치, 프렌치 노트 스 티치, 플라이 스티치, 플랫 스티치, 휘프트 백 스티치
수놓기	• 지정한 실 외에는 모두 3가닥으로 사용합니다. • 프렌치 노트 스티치는 3가닥으로 3번 감습니다.

a Friend
of mine

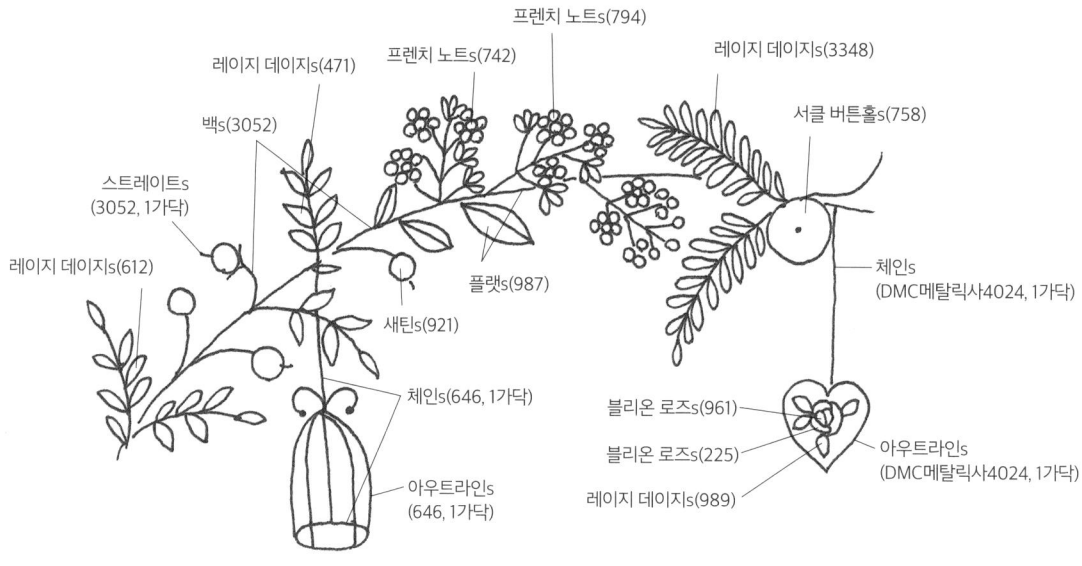

프렌치 노트s(794)

레이지 데이지s(471)

프렌치 노트s(742)

레이지 데이지s(3348)

백s(3052)

서클 버튼홀s(758)

스트레이트s
(3052, 1가닥)

레이지 데이지s(612)

플랫s(987)

새틴s(921)

체인s
(DMC메탈릭사4024, 1가닥)

체인s(646, 1가닥)

블리온 로즈s(961)

아우트라인s
(646, 1가닥)

블리온 로즈s(225)

아우트라인s
(DMC메탈릭사4024, 1가닥)

레이지 데이지s(989)

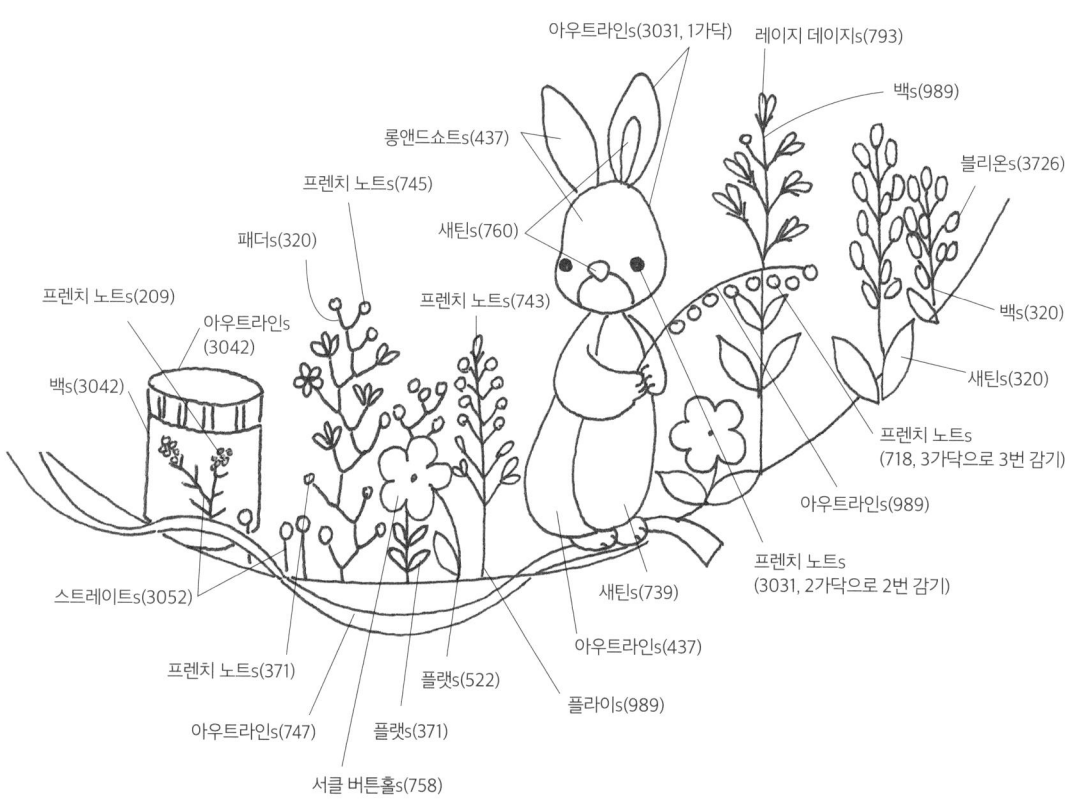

아우트라인s(3031, 1가닥)

레이지 데이지s(793)

백s(989)

롱앤드쇼트s(437)

블리온s(3726)

프렌치 노트s(745)

패더s(320)

새틴s(760)

프렌치 노트s(209)

프렌치 노트s(743)

백s(320)

아우트라인s
(3042)

새틴s(320)

백s(3042)

프렌치 노트s
(718, 3가닥으로 3번 감기)

아우트라인s(989)

프렌치 노트s
(3031, 2가닥으로 2번 감기)

스트레이트s(3052)

새틴s(739)

프렌치 노트s(371)

아우트라인s(437)

아우트라인s(747)

플랫s(522)

플라이s(989)

플랫s(371)

서클 버튼홀s(758)

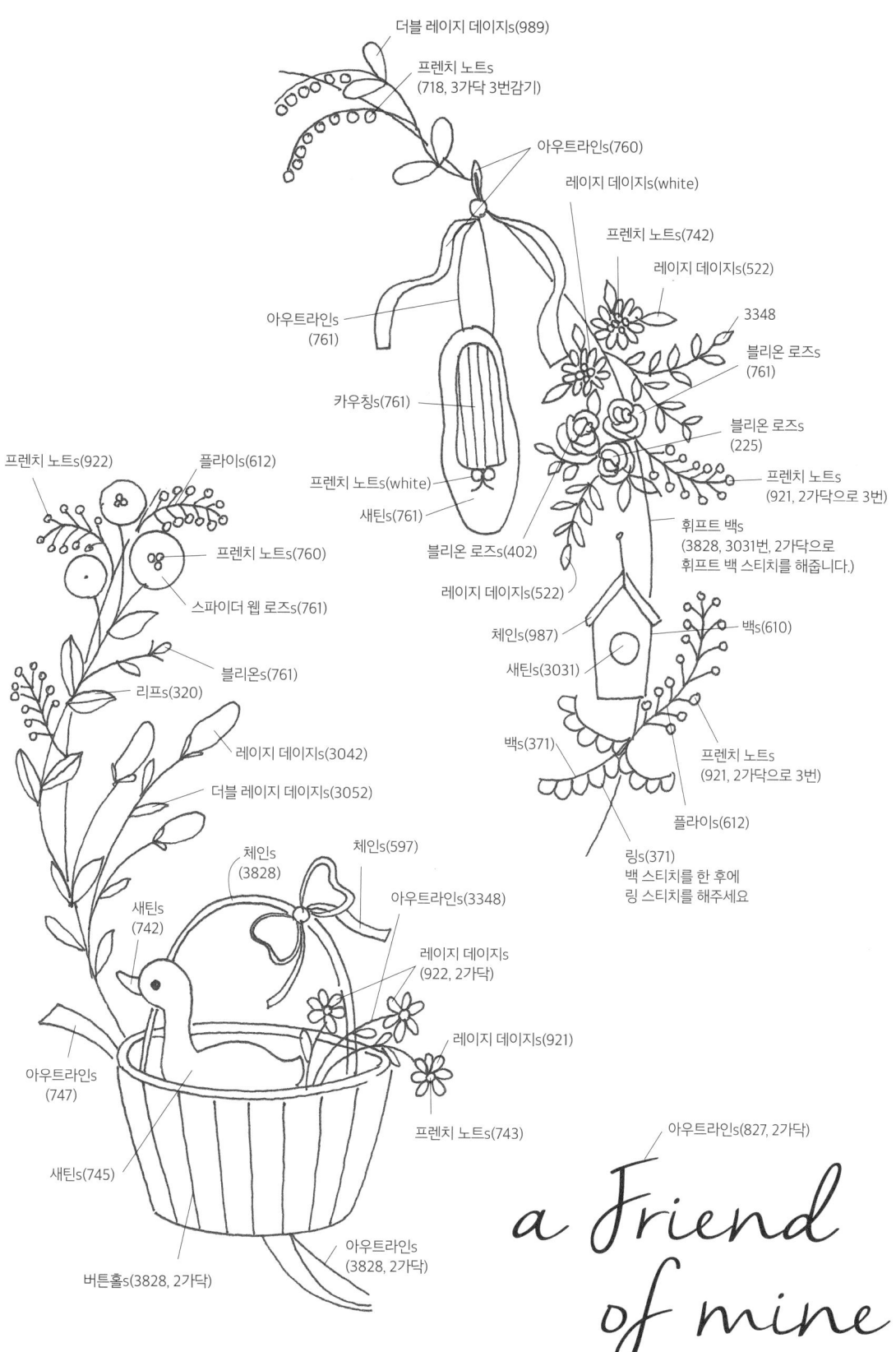

더블 레이지 데이지s(989)

프렌치 노트s
(718, 3가닥 3번감기)

아웃라인s(760)

레이지 데이지s(white)

프렌치 노트s(742)

레이지 데이지s(522)

3348

블리온 로즈s
(761)

아웃라인s
(761)

블리온 로즈s
(225)

카우칭s(761)

프렌치 노트s(white)

프렌치 노트s
(921, 2가닥으로 3번)

새틴s(761)

휘프트 백s
(3828, 3031번, 2가닥으로
휘프트 백 스티치를 해줍니다.)

블리온 로즈s(402)

레이지 데이지s(522)

프렌치 노트s(922)

플라이s(612)

프렌치 노트s(760)

체인s(987)

백s(610)

새틴s(3031)

스파이더 웹 로즈s(761)

블리온s(761)

리프s(320)

백s(371)

프렌치 노트s
(921, 2가닥으로 3번)

레이지 데이지s(3042)

더블 레이지 데이지s(3052)

플라이s(612)

링s(371)
백 스티치를 한 후에
링 스티치를 해주세요

체인s
(3828)

체인s(597)

아웃라인s(3348)

새틴s
(742)

레이지 데이지s
(922, 2가닥)

아웃라인s
(747)

레이지 데이지s(921)

새틴s(745)

프렌치 노트s(743)

아웃라인s(827, 2가닥)

버튼홀s(3828, 2가닥)

아웃라인s
(3828, 2가닥)

*a friend
of mine*

메리 미

성숙한 인생으로 걸어 들어가는 길!
가장 순수한 마음과 최고의 사랑을 간직한 순간이기에
순백의 하얀 드레스가 더욱 아름답고 찬란하게 빛이 납니다.
컬러를 절제하여 깨끗하고 사랑스러움을 표현했어요.

사용된 실	**25번사** : white, 320, 435, 436, 471, 472, 518, 522, 610, 747, 813, 826, 827, 948, 3046, 3052, 3348, 3865
사용된 패브릭	린넨(화이트)
사용된 스티치	러닝 스티치, 레이지 데이지 스티치, 백 스티치, 블리온 로즈 스티치, 새틴 스티치, 서클 버튼홀 스티치, 스파이더 웹 로즈 스티치, 아우트라인 스티치, 저먼 노트 스티치, 카우칭 스티치, 프렌치 노트 스티치, 플라이 스티치, 플랫 스티치
수놓기	• 지정한 실 외에는 모두 2가닥으로 사용합니다. • 프렌치 노트 스티치는 2가닥으로 3번 감습니다. • 면사포를 만들 레이스 천을 준비해주세요.

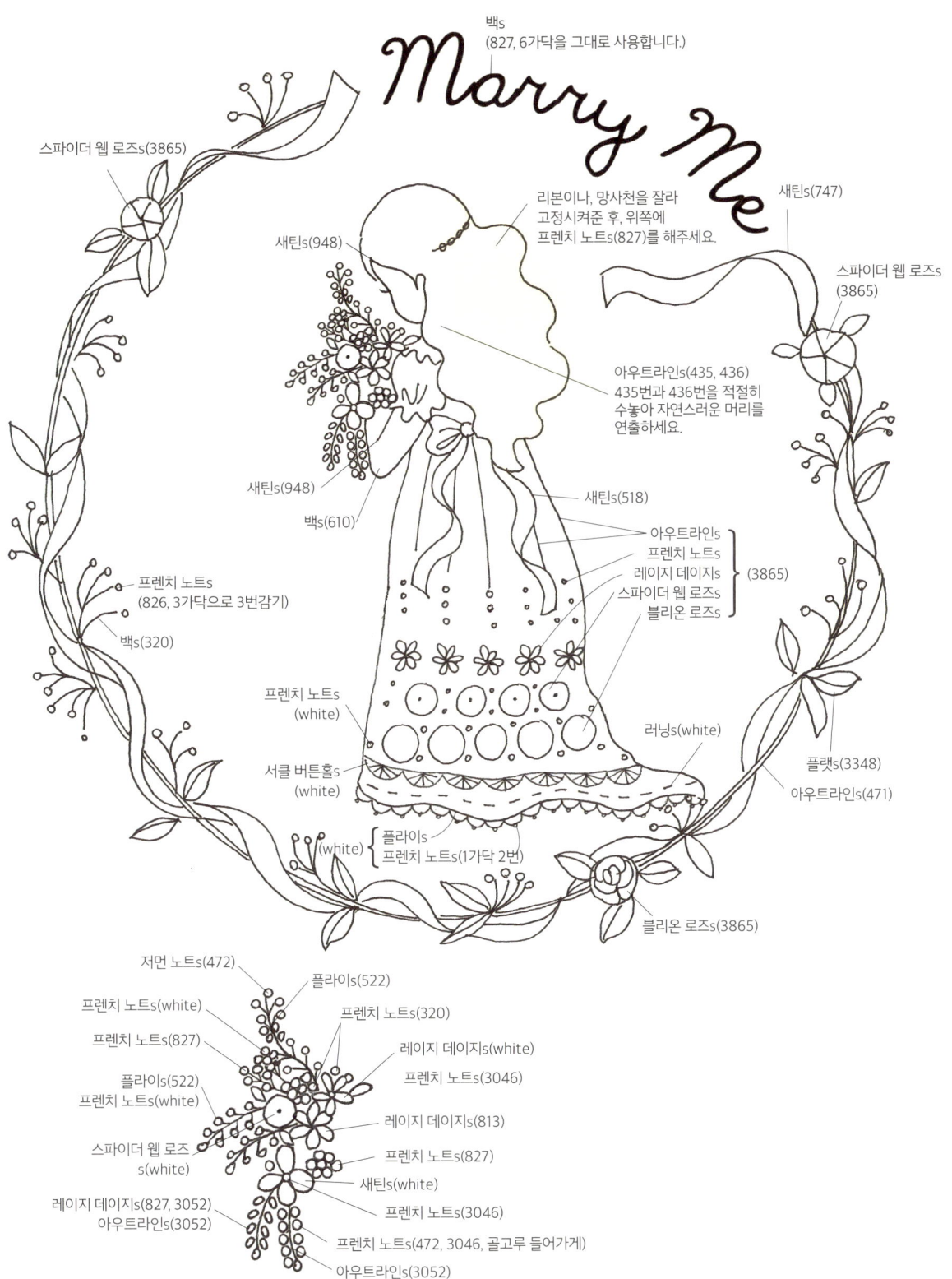

백s
(827, 6가닥을 그대로 사용합니다.)

Marry Me

스파이더 웹 로즈s(3865)

새틴s(747)

새틴s(948)

스파이더 웹 로즈s
(3865)

리본이나, 망사천을 잘라
고정시켜준 후, 위쪽에
프렌치 노트s(827)를 해주세요.

아웃라인s(435, 436)
435번과 436번을 적절히
수놓아 자연스러운 머리를
연출하세요.

새틴s(948)

백s(610)

새틴s(518)

아웃라인s
프렌치 노트s
레이지 데이지s   (3865)
스파이더 웹 로즈s
블리온 로즈s

프렌치 노트s
(826, 3가닥으로 3번감기)

백s(320)

프렌치 노트s
(white)

서클 버튼홀s
(white)

러닝s(white)

플랫s(3348)

아웃라인s(471)

(white) { 플라이s
         프렌치 노트s(1가닥 2번)

블리온 로즈s(3865)

저먼 노트s(472)

플라이s(522)

프렌치 노트s(white)

프렌치 노트s(320)

프렌치 노트s(827)

레이지 데이지s(white)

플라이s(522)
프렌치 노트s(white)

프렌치 노트s(3046)

레이지 데이지s(813)

스파이더 웹 로즈
s(white)

프렌치 노트s(827)

새틴s(white)

레이지 데이지s(827, 3052)
아웃라인s(3052)

프렌치 노트s(3046)

프렌치 노트s(472, 3046, 골고루 들어가게)

아웃라인s(3052)

in der Luft. Es hat dem Mann den Hut
vom Kopf geschlagen, und dann war
es unten vor seinen Beinen, und der
Mann mußte springen. Da [...] ihn
furchtbar wütend gemacht, [...] laut
geschimpft un[...]
Da hat si[...]
gewi[...]

초록지붕의 소녀

여자라면 누구나 마음속에 귀여운 수다쟁이 빨강머리 앤과
초록 지붕 집에 대한 낭만이 남아 있죠?
저 역시 아직도 앤을 너무나도 사랑해서
종종 앤의 모습을 물감으로 그려보곤 하는데요.
자수로도 표현해보았어요.

사용된 실	25번사 : white, 224, 225, 301, 347, 349, 352, 372, 469, 471, 598, 610, 725, 738, 742, 743, 745, 758, 760, 761, 801, 826, 840, 899, 922, 932, 989, 3041, 3042, 3346, 3348, 3363, 3364, 3772, 3836, 3841
사용된 패브릭	린넨(아이보리)
사용된 스티치	러닝 스티치, 레이지 데이지 스티치, 로제트 스티치, 롱앤드 쇼트 스티치, 리프 스티치, 백 스티치, 블리온 스티치, 블리온 노트 스티치, 블리온 로즈 스티치, 서클 버튼홀 스티치, 새틴 스티치, 스트레이트 스티치, 스파이더 웹 로즈 스티치, 아웃라인 스티치, 체인 스티치, 카우치트 트렐리스 스티치, 페더 스티치, 프렌치 노트 스티치
수놓기	• 테두리 리본은 전부 새틴 스티치이며 연한 부분은 758 번, 진한 부분은 352번을 사용합니다. • 지정한 실 외에는 모두 2가닥으로 사용합니다. • 프렌치 노트 스티치는 지정한 실 외에는 2가닥으로 2번 을 감습니다.

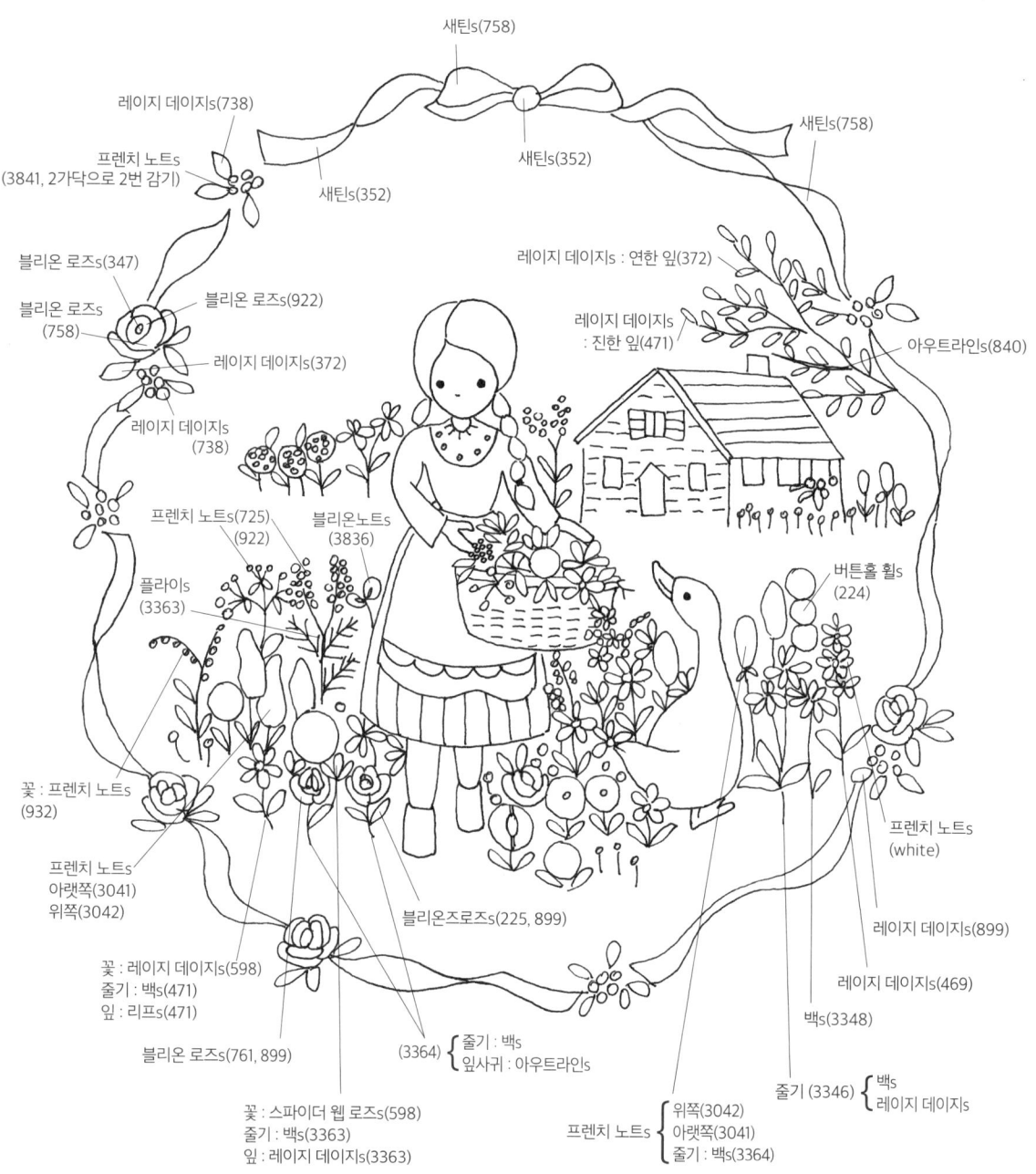

새틴s(758)

레이지 데이지s(738)

프렌치 노트s
(3841, 2가닥으로 2번 감기)

새틴s(352)

새틴s(352)

새틴s(758)

레이지 데이지s : 연한 잎(372)

아우트라인s(840)

블리온 로즈s(347)

블리온 로즈s(922)

블리온 로즈s
(758)

레이지 데이지s
: 진한 잎(471)

레이지 데이지s(372)

레이지 데이지s
(738)

프렌치 노트s(725)
(922)

블리온노트s
(3836)

버튼홀 휠s
(224)

플라이s
(3363)

꽃 : 프렌치 노트s
(932)

프렌치 노트s
아랫쪽(3041)
위쪽(3042)

프렌치 노트s
(white)

레이지 데이지s(899)

블리온즈로즈s(225, 899)

레이지 데이지s(469)

꽃 : 레이지 데이지s(598)
줄기 : 백s(471)
잎 : 리프s(471)

백s(3348)

블리온 로즈s(761, 899)

(3364) { 줄기 : 백s
잎사귀 : 아우트라인s

줄기 (3346) { 백s
레이지 데이지s

꽃 : 스파이더 웹 로즈s(598)
줄기 : 백s(3363)
잎 : 레이지 데이지s(3363)

프렌치 노트s { 위쪽(3042)
아랫쪽(3041)
줄기 : 백s(3364)

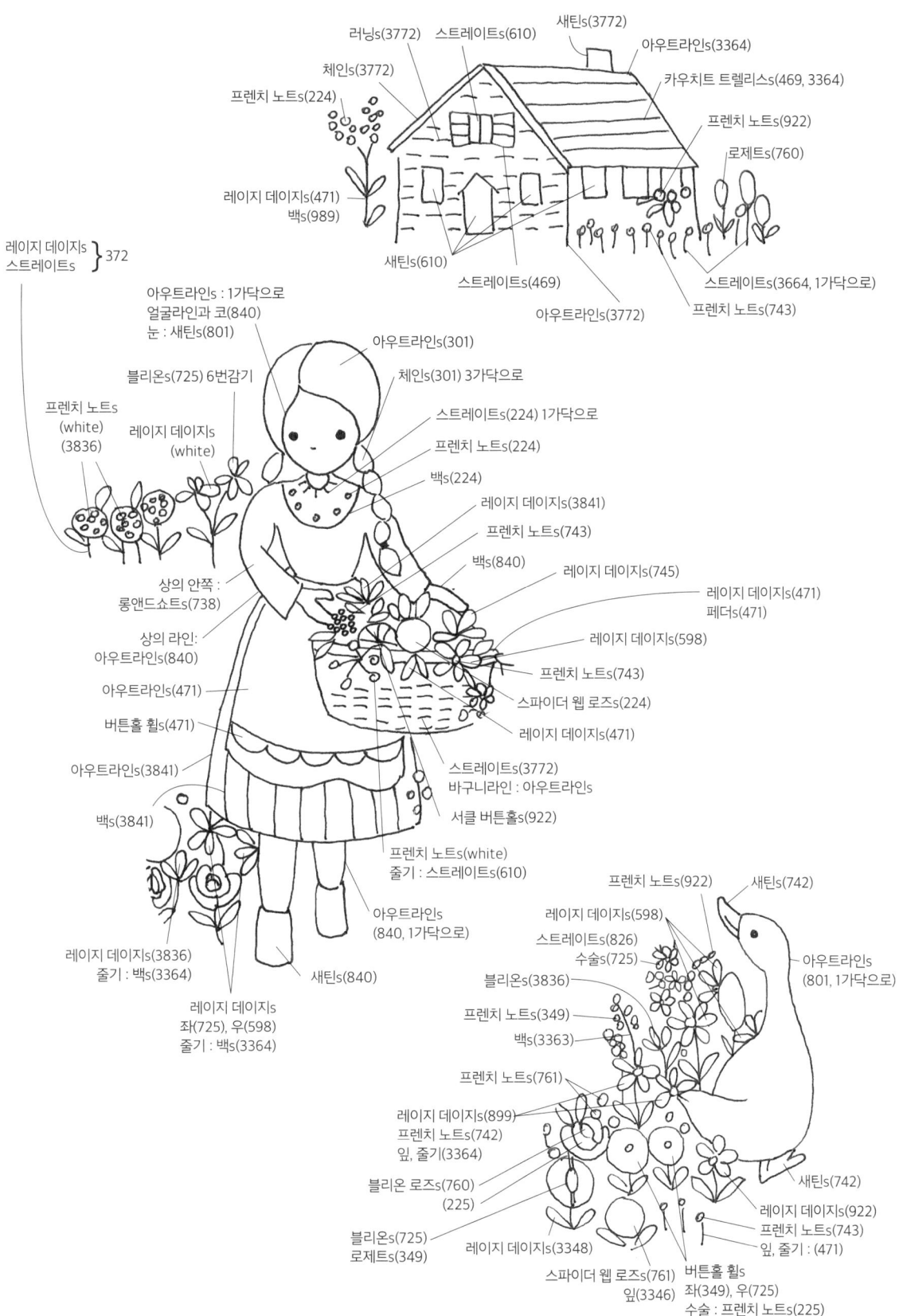

러닝s(3772) 스트레이트s(610) 새틴s(3772)
아우트라인s(3364)

체인s(3772)

프렌치 노트s(224) 카우치트 트렐리스s(469, 3364)

프렌치 노트s(922)

로제트s(760)

레이지 데이지s(471)
백s(989)

레이지 데이지s
스트레이트s } 372

새틴s(610)

스트레이트s(469)

스트레이트s(3664, 1가닥으로)

아우트라인s(3772) 프렌치 노트s(743)

아우트라인s : 1가닥으로
얼굴라인과 코(840)
눈 : 새틴s(801)

아우트라인s(301)

체인s(301) 3가닥으로

블리온s(725) 6번감기

스트레이트s(224) 1가닥으로

프렌치 노트s
(white)
(3836)

레이지 데이지s
(white)

프렌치 노트s(224)

백s(224)

레이지 데이지s(3841)

프렌치 노트s(743)

백s(840) 레이지 데이지s(745)

레이지 데이지s(471)
페더s(471)

상의 안쪽 :
롱앤드쇼트s(738)

레이지 데이지s(598)

상의 라인:
아우트라인s(840)

프렌치 노트s(743)

아우트라인s(471)

스파이더 웹 로즈s(224)

버튼홀 휠s(471)

레이지 데이지s(471)

아우트라인s(3841)

스트레이트s(3772)
바구니라인 : 아우트라인s

백s(3841)

서클 버튼홀s(922)

프렌치 노트s(white)
줄기 : 스트레이트s(610)

프렌치 노트s(922) 새틴s(742)

레이지 데이지s(598)

스트레이트s(826)

아우트라인s
(840, 1가닥으로)

수술s(725)

블리온s(3836)

아우트라인s
(801, 1가닥으로)

레이지 데이지s(3836)
줄기 : 백s(3364)

프렌치 노트s(349)

백s(3363)

새틴s(840)

프렌치 노트s(761)

레이지 데이지s
좌(725), 우(598)
줄기 : 백s(3364)

레이지 데이지s(899)
프렌치 노트s(742)
잎, 줄기(3364)

새틴s(742)

블리온 로즈s(760)
(225)

레이지 데이지s(922)
프렌치 노트s(743)
잎, 줄기 : (471)

블리온s(725)
로제트s(349)

레이지 데이지s(3348)

스파이더 웹 로즈s(761)
잎(3346)

버튼홀 휠s
좌(349), 우(725)
수술 : 프렌치 노트s(225)

달콤한 바람

바람이 부는 날은 두 팔을 한껏 벌리고 들판에 서서
달콤하게 불어오는 바람을 온몸으로
한껏 느끼고 싶어요.
그 바람에 꽃내음이 가득하다면
세상을 다 얻은 듯 행복하겠죠.

사용된 실	**25번사** : white, 225, 372, 435, 471, 745, 746, 758, 780, 922, 951, 3031, 3052, 3348, 3776, 3820, 3862 **울사** : W353, W704, W842
사용된 패브릭	워싱 린넨(베이지)
사용된 스티치	더블 캐스트 온 스티치, 레이지 데이지 스티치, 레이지드 리프 스티치, 레이지드 스템 밴드 스티치, 백 스티치, 버튼홀 스티치, 블리온 레이지 데이지 스티치, 새틴 스티치, 서클 버튼홀 스티치, 스미르나 스티치, 스트레이트 스티치, 스파이더 웹 로즈 스티치, 아웃트라인 스티치, 와이어 스티치, 체인 스티치, 카우칭 스티치, 프렌치 노트 스티치, 플라이 스티치, 플랫 스티치, 휘프트 체인 스티치
수놓기	• 지정한 실 외에는 모두 3가닥으로 사용합니다. • 프렌치 노트 스티치는 지정한 실 외에는 2가닥으로 3번을 감습니다.

Sweet
Breeze

Sweet
Breeze

카우칭s
(435, 걸치는 실은 3가닥으로
고정하는 실은 1가닥으로 사용한다.)

스트레이트s(780)

백s
(3862, 1가닥으로 사용한다.)

프렌치 노트s
(3031, 2가닥으로 2번감는다.)

새틴s(951)
볼터치 : 새틴s(225)

프렌치 노트s(3820)

스트레이트s(3820)

와이어 스티치

버튼홀s(3820)

새틴s(745)

프렌치 노트s(3820)

새틴s(3348)

스트레이트s(922)

아우트라인s(3052)

아우트라인s
(746, 2가닥으로
아우트라인s로 라인을 먼저 한 뒤,
아우트라인s로 면을 채운다.)

아우트라인s(471)

새틴s(435)

체인s(3862)

플라이s(746, 2가닥)

레이지드 스템 밴드s(3862)

백s(3820)
2가닥으로 사용한다

프렌치 노트s
(white, 3820)

백s
(3862, 1가닥으로 사용한다)

새틴s(951)

서클 버튼홀s(746)

새틴s(3862)

스파이더 웹 로즈s(745)

프렌치 노트s(white)

플랫s(372)

스파이더 웹 로즈s(225)

프렌치 노트s(742)

프렌치 노트s
(white, 2가닥으로 3번감는다.)

아우트라인s(746, 2가닥)

아우트라인s(3052)

Sweet

Breeze

스미르나s(758)

더블캐스트온s
(white)

아우트라인s(471)

블리온 레이지 데이지s
(white)

프렌치 노트s
(3776, 2가닥으로
3번감는다.)

레이지 데이지s(922)

아우트라인s(922)

아우트라인s(3052)

새틴s(3820)

프렌치 노트s(3820)

아우트라인s
(3820, 2가닥으로
사용한다.)

휘프트 체인s(3820, 3862)

레이지드 리프s
(white, 3가닥으로 사용한다.)

스트레이트s(3862)

레이지 데이지s(3052)

프렌치 노트s(W704)

프렌치 노트s
(W842, 1가닥으로 2번 감는다.)

새틴s(W704)

아우트라인s(W353)

아우트라인s(3862)

117

Baby Room

자수를 이용해 아이의 방을 꾸미는 일은
재미있는 작업이었어요.
파스텔 톤으로 디자인하기를 좋아해서
자수 속 아이의 방도
패브릭에 파스텔 톤으로 수를 놓아보았어요.
캔버스에 씌우거나, 액자로 만들어 아이 방에 걸어주면
포근하고도 특별한 장식이 됩니다.

사용된 실	25번사 : white, 225, 320, 372, 434, 436, 437, 472, 597, 598, 610, 645, 646, 648, 704, 725, 729, 738, 745, 758, 760, 761, 778, 780, 794, 813, 827, 922, 932, 937, 977, 3031, 3046, 3348, 3363, 3817, 3828, 3836, 3846, 3862,

4번사 : 2328   울사 : W603, W992

베리에이션사 : 4066

사용된 패브릭 위싱 린넨 (아이보리)

사용된 스티치 디태치드 트위스트 체인 스티치, 레이지 데이지 스티치, 바스켓 스티치, 백 스티치, 블리온 레이지 데이지, 블리온 로즈 스티치, 새틴 스티치, 서클 버튼홀 스티치, 스미르나 스티치, 스트레이트 새틴 스티치, 스파이더 웹 로즈 스티치, 실론 스티치, 아우트라인 스티치, 저먼 노트 스티치, 체인 스티치, 캐스트 온 스티치, 케이블 체인 스티치, 코럴 스티치, 프렌치 노트 스티치, 플라이 스티치, 휘프트 백 스티치

수놓기
- 지정한 실 외에는 모두 3가닥으로 사용합니다.
- 프렌치 노트 스티치는 지정한 실 외에는 3가닥으로 2번 감습니다.

Baby Room

레이지 데이지s
(베리에이션사 4066)
아우트라인s

아우트라인s(648)

케이블 체인s(648)

프렌치 노트s(977)

휘프트 백s
(437, 610, 2가닥)

아우트라인s(472)

플라이s(472)

블리온 레이지 데이지s(3836)

프렌치 노트s(760)
플라이s(3348)

새틴s(794)

서클 버튼홀s(760)

아우트라인s(610, 1가닥)

스미르나s(761)
작업 후 가위로
잘라준다.

새틴s(598)

아우트라인s(598)

새틴s(725)

백s(725)
크로스s(922)

코럴 스티치s(977)

Baby Room

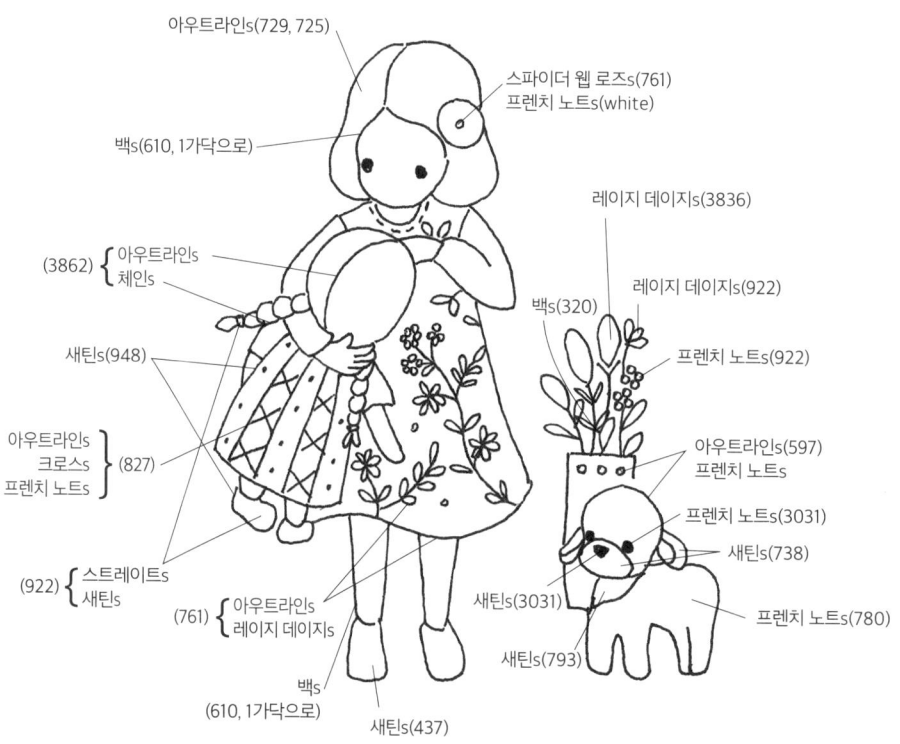

아우트라인s(729, 725)

스파이더 웹 로즈s(761)
프렌치 노트s(white)

백s(610, 1가닥으로)

레이지 데이지s(3836)

레이지 데이지s(922)

(3862) { 아우트라인s
체인s

백s(320)

프렌치 노트s(922)

새틴s(948)

아우트라인s
크로스s } (827)
프렌치 노트s

아우트라인s(597)
프렌치 노트s

프렌치 노트s(3031)

새틴s(738)

(922) { 스트레이트s
새틴s

(761) { 아우트라인s
레이지 데이지s

새틴s(3031)

새틴s(793)

프렌치 노트s(780)

백s
(610, 1가닥으로)

새틴s(437)

스트레이트s(761)
아우트라인s(w992)
백s(437, 2가닥으로)
체인s(437, 3가닥)
아우트라인s
(434, 1가닥으로)
스트레이트s(437)
실론s
(4번사:2328)
체인s(778)
저먼 노트s
(745, 6가닥으로 2번)
바스켓s(3828)
새틴s(w992)
새틴s(738)
아우트라인s(437)
새틴s(437)
아우트라인s(434)

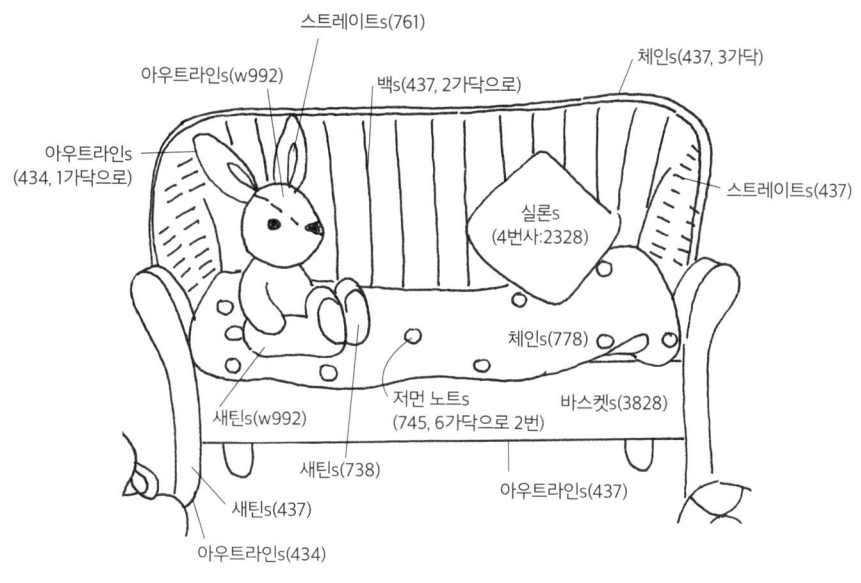

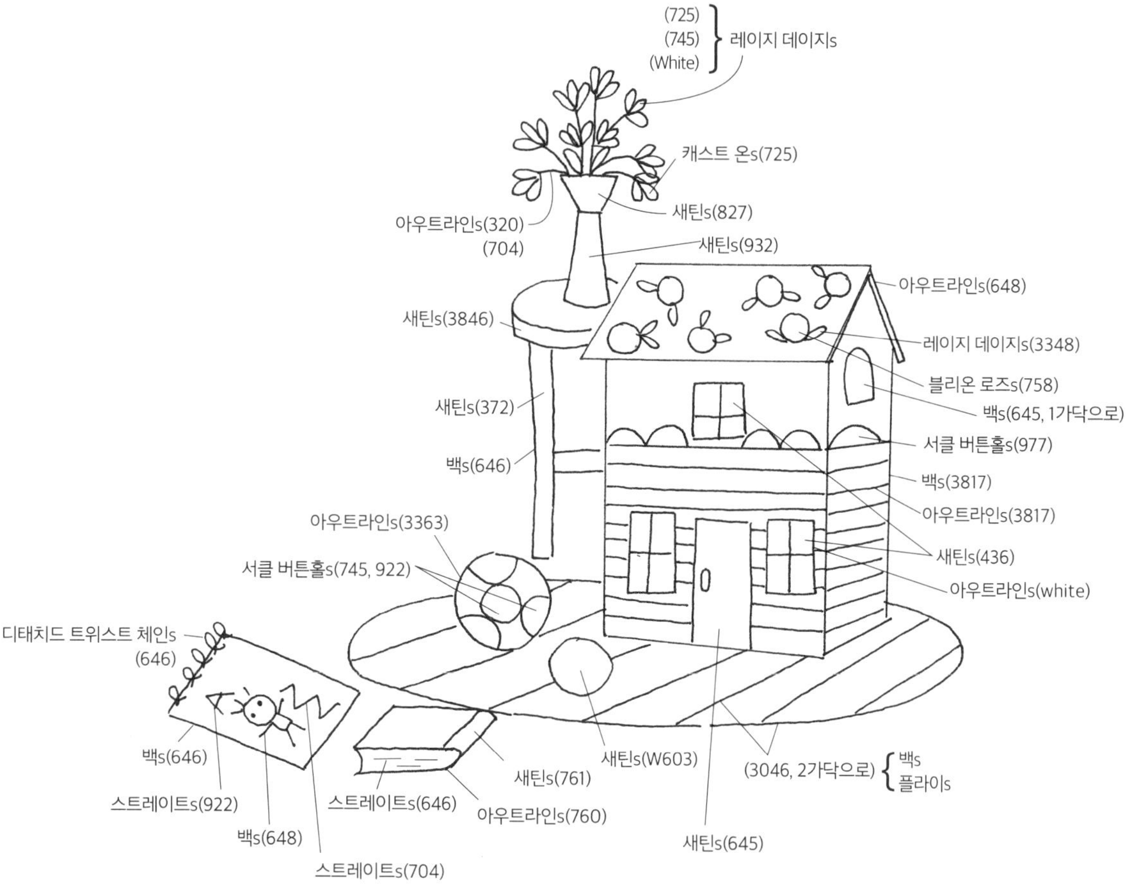

(725)
(745)
(White)
레이지 데이지s
캐스트 온s(725)
아우트라인s(320)
(704)
새틴s(827)
새틴s(932)
아우트라인s(648)
새틴s(3846)
레이지 데이지s(3348)
블리온 로즈s(758)
백s(645, 1가닥으로)
새틴s(372)
서클 버튼홀s(977)
백s(646)
백s(3817)
아우트라인s(3817)
아우트라인s(3363)
새틴s(436)
서클 버튼홀s(745, 922)
아우트라인s(white)
디태치드 트위스트 체인s
(646)
새틴s(W603)
(3046, 2가닥으로)
백s
플라이s
백s(646)
새틴s(761)
스트레이트s(922)
스트레이트s(646)
아우트라인s(760)
백s(648)
새틴s(645)
스트레이트s(704)

들꽃가방

자수 가방이 흔하다면 흔하지만,
나만의 특별한 가방이라면 왠지 들고 다닐 때면
어깨가 으쓱해질 것만도 같아요.
화려한 꽃보다는 들꽃을 좋아하기에
소소한 느낌으로 하늘거리는 들꽃을 수놓아보았어요.

사용된 실	25번사 : white, 725, 937, 3841 울사 : W353, W354, W603, W992
사용된 패브릭	워싱 린넨 (베이지)
사용된 스티치	더블 레이지 데이지 스티치, 더블 캐스트 온 스티치, 레이지 데이지 스티치, 스미르나 스티치, 스파이더 웹 로즈 스티치, 아웃라인 스티치, 체인 스티치, 캐스트 온 스티치, 프렌치 노트 스티치, 플라이 스티치, 플랫 스티치
수놓기	• 지정한 실 외에는 모두 3가닥으로, 울사는 1가닥으로 사 용합니다. • 프렌치 노트 스티치는 2가닥으로 3번 감습니다.

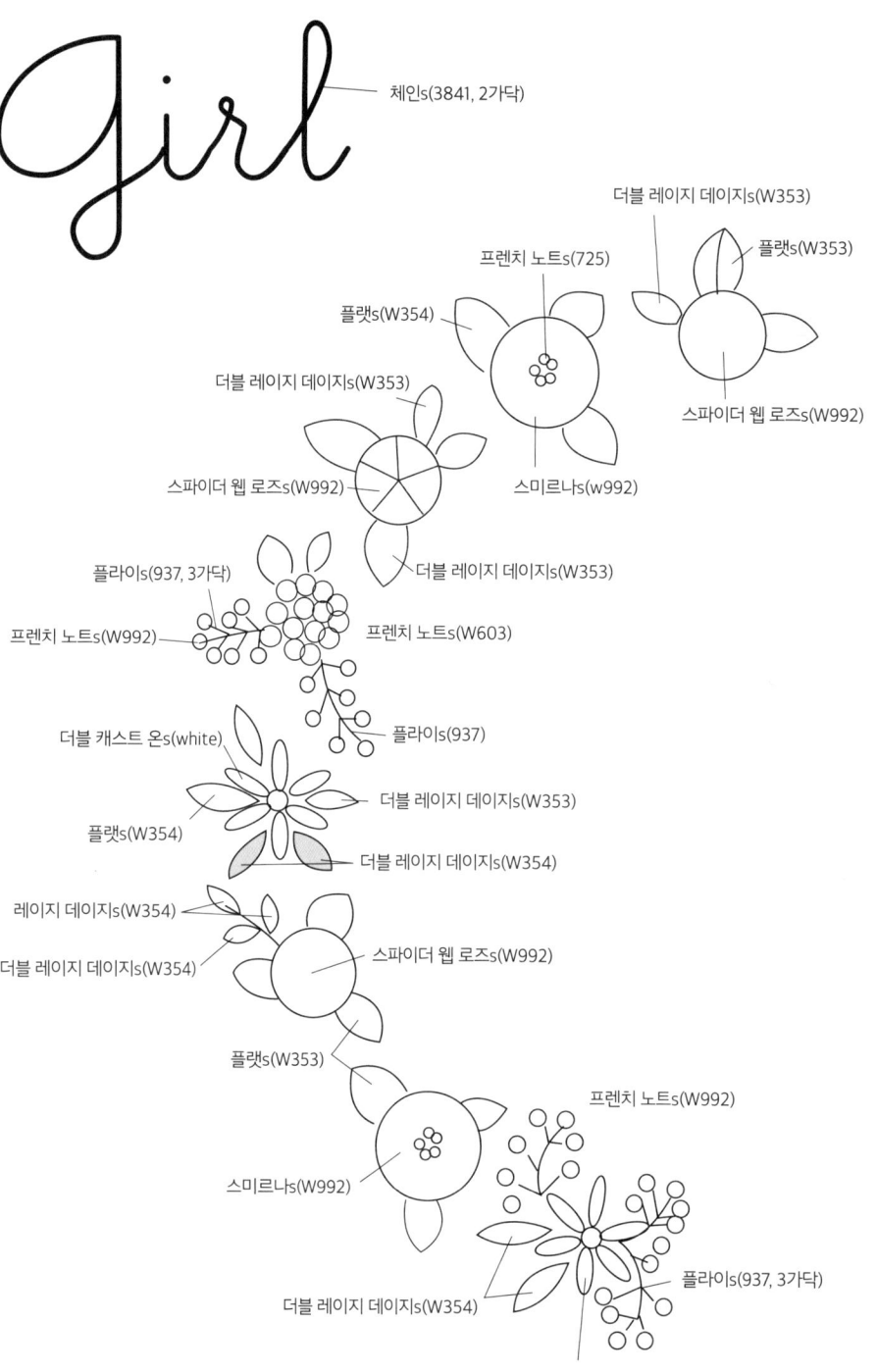

체인s(3841, 2가닥)

더블 레이지 데이지s(W353)

플랫s(W353)

프렌치 노트s(725)

플랫s(W354)

더블 레이지 데이지s(W353)

스파이더 웹 로즈s(W992)

스파이더 웹 로즈s(W992)

스미르나s(w992)

더블 레이지 데이지s(W353)

플라이s(937, 3가닥)

프렌치 노트s(W992)

프렌치 노트s(W603)

더블 캐스트 온s(white)

플라이s(937)

더블 레이지 데이지s(W353)

플랫s(W354)

더블 레이지 데이지s(W354)

레이지 데이지s(W354)

더블 레이지 데이지s(W354)

스파이더 웹 로즈s(W992)

플랫s(W353)

프렌치 노트s(W992)

스미르나s(W992)

더블 레이지 데이지s(W354)

플라이s(937, 3가닥)

레이지 데이지s(W992)

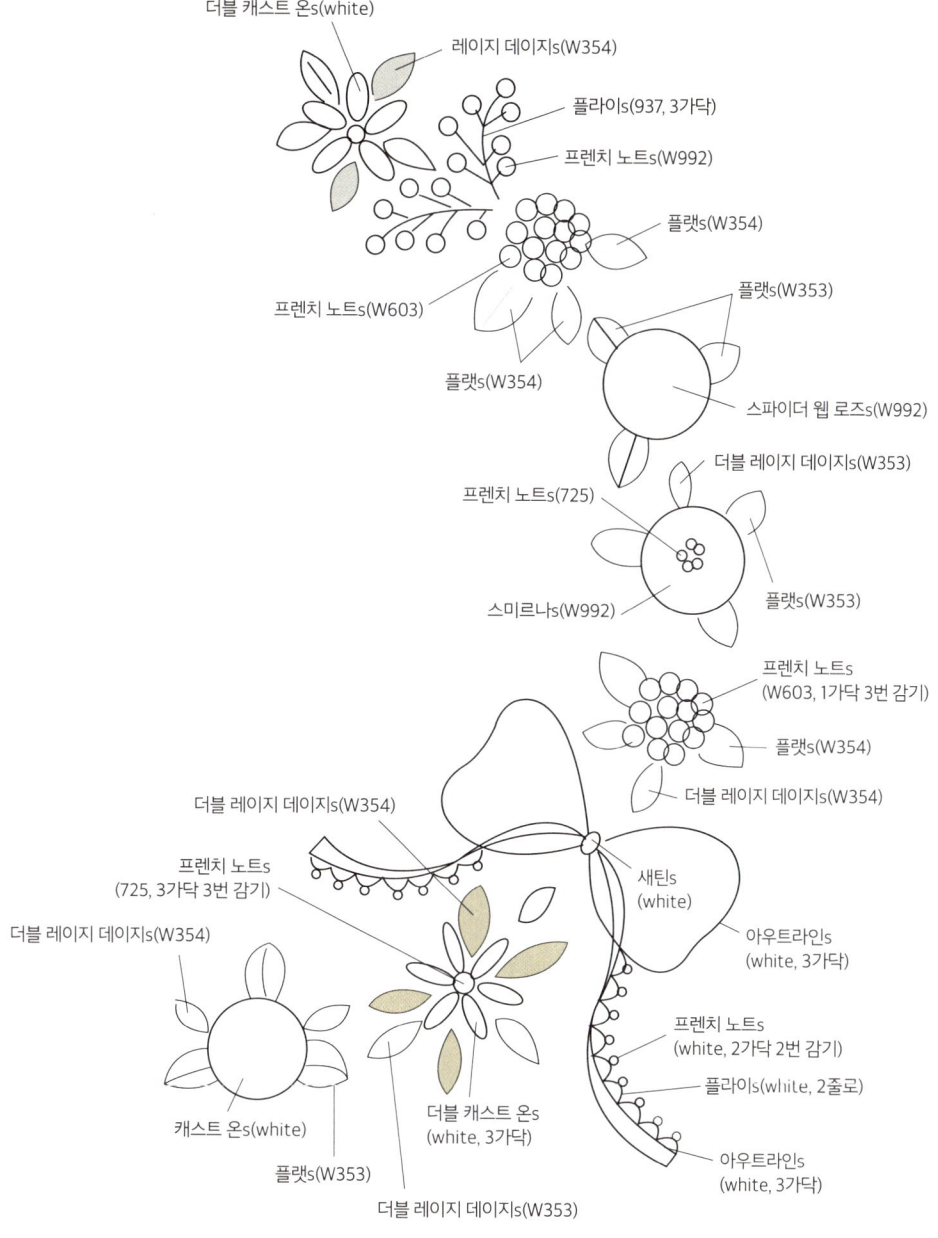

더블 캐스트 온s(white)

레이지 데이지s(W354)

플라이s(937, 3가닥)

프렌치 노트s(W992)

플랫s(W354)

프렌치 노트s(W603)

플랫s(W353)

플랫s(W354)

스파이더 웹 로즈s(W992)

더블 레이지 데이지s(W353)

프렌치 노트s(725)

스미르나s(W992)

플랫s(W353)

프렌치 노트s
(W603, 1가닥 3번 감기)

플랫s(W354)

더블 레이지 데이지s(W354)

더블 레이지 데이지s(W354)

프렌치 노트s
(725, 3가닥 3번 감기)

더블 레이지 데이지s(W354)

새틴s
(white)

아우트라인s
(white, 3가닥)

프렌치 노트s
(white, 2가닥 2번 감기)

플라이s(whiie, 2줄로)

캐스트 온s(white)

더블 캐스트 온s
(white, 3가닥)

아우트라인s
(white, 3가닥)

플랫s(W353)

더블 레이지 데이지s(W353)

가방 만들기

(가방 완성 사이즈 : 32×34cm)

: 재료　　자수를 놓은 린넨 2장, 안감 2장, 접착솜 2장, 가죽 끈

01 겉감 린넨과 안감을 34x36cm로 재단해 주세요.

02 겉감에 접착솜을 대고 다리미로 눌러 붙입니다.

03 수가 놓인 부분은 다른 천을 덧대어 눌러 줍니다.

04 접착솜을 겉감에 맞추어 잘라냅니다.

05 접착솜을 붙인 겉감과 안감의 바깥 면을 맞대고 시침핀으로 고정합니다.

06 수를 놓은 그림이 위쪽을 향하게 하고, 앞면과 뒷면 모두 각각 윗면을 시접 1cm로 박음질해줍니다.

07 펼쳐서 두 장을 맞대고 시침핀으로 고정합니다.

08 창구멍을 제외한 4면을 시접 1cm가 되는 부분을 둘러 박음질해줍니다.

09 창구멍으로 뒤집어준 뒤, 창구멍을 공그르기를 하거나 박음질을 합니다.

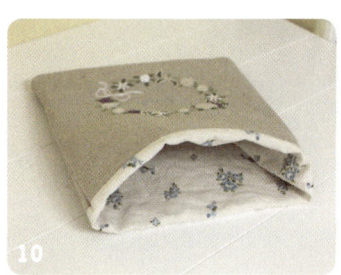

10 안감을 안으로 밀어 넣어 윗부분을 잘 정리해주세요.

11 가방의 윗부분을 5mm 정도에 상침해줍니다.

12 가죽 끈을 실로 튼튼히 고정해주세요.

13 완성되었습니다.

마카롱 지갑

동글동글 귀엽고 깜찍한 마카롱 동전지갑이에요.
만드는 과정은 조금 힘들지만,
완성하고 나면 뿌듯함을 느낄 수 있을 거예요.

오리

제 자수에 가장 많이 등장하는 것이 토끼 다음으로 오리인데요.
아주 디테일하게 새틴 스티치로 만들어진 오리가 앙증맞아요.
아이의 옷깃에도 오리 도안으로 수를 놓아주면 예쁘답니다.

사용된 실
25번사 : white, 310, 725, 3031, 3862

사용된 스티치
바스켓 스티치, 백 스티치, 새틴 스티치, 스트레이트 스티치, 프렌치 노트 스티치

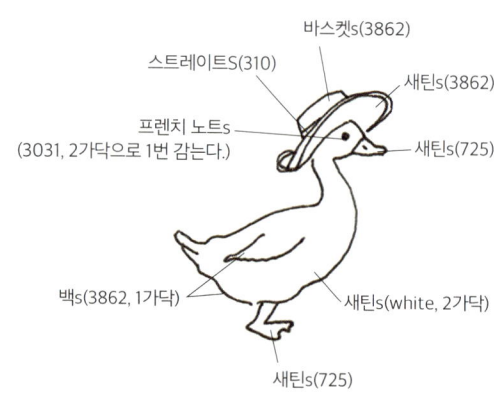

바스켓s(3862)

스트레이트S(310)

새틴s(3862)

프렌치 노트s
(3031, 2가닥으로 1번 감는다.)

새틴s(725)

백s(3862, 1가닥)

새틴s(white, 2가닥)

새틴s(725)

줄기 꽃

가운데 큰 꽃을 스미르나 스티치로 놓아주고, 가장자리에 줄기 잎을 수놓은 심플한 디자인이에요.
손쉽게 하면서도 입체꽃이 포인트가 되어 정성스러워 보이는 마카롱 지갑입니다.

사용된 실
25번사 : 754, 778, 3052

사용된 스티치
레이지 데이지 스티치, 스미르나 스티치,
아우트라인 스티치, 프렌치 노트 스티치

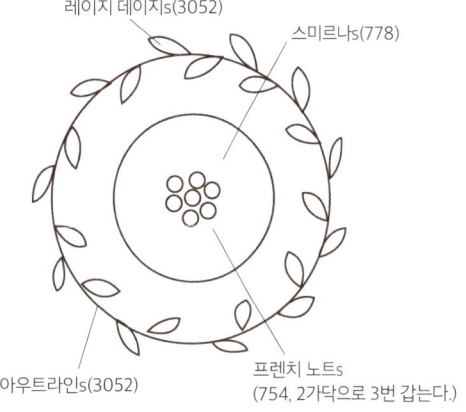

레이지 데이지s(3052)

스미르나s(778)

아우트라인s(3052)

프렌치 노트s
(754, 2가닥으로 3번 갑는다.)

리스

장미꽃과 수국을 모티브로 한 꽃 리스 도안이에요.
오묘한 파스텔색의 조화가 세련된 느낌을 주도록 만들었어요.

사용된 실
25번사 : 778, 3828, 3841

사용된 스티치
레이지 데이지 스티치, 블리온 로즈 스티치,
아우트라인 스티치, 프렌치 노트 스티치

레이지 데이지s(3828)

프렌치 노트s
(3841, 3가닥으로 3번감는다.)

블리온 로즈s(778)

아우트라인s(3828)

꽃다발

울사를 사용하여 하얀 장미꽃다발을 입체적으로 표현해주었어요.
웨딩부케를 연상시키는 사랑스러운 꽃다발입니다.

사용된 실

25번사 : 225, 471, 727, 827, 904, 987, 3865
울사 : W991

사용된 스티치

더블 레이지 데이지 스티치, 레이지 데이지 스티치,
스트레이트 스티치, 스파이더 웹 로즈 스티치, 아우트라인 스티치,
체인 스티치, 프렌치 노트 스티치, 플라이 스티치

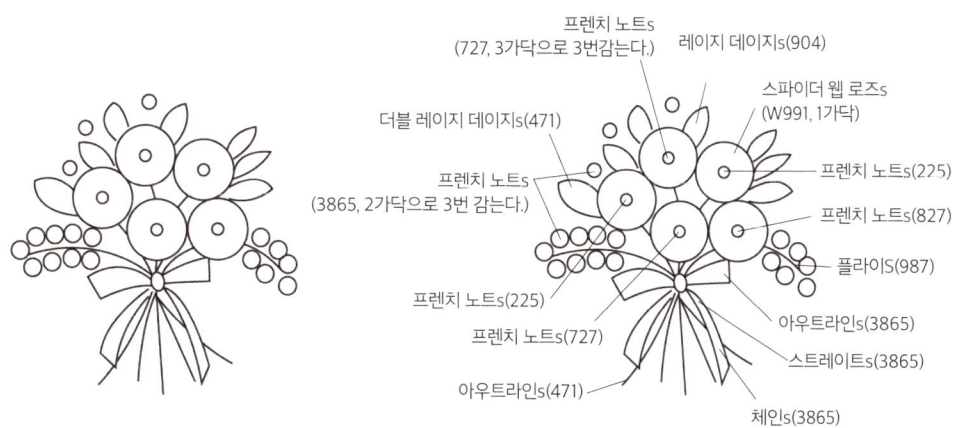

프렌치 노트s
(727, 3가닥으로 3번감는다.)
레이지 데이지s(904)
스파이더 웹 로즈s
(W991, 1가닥)
더블 레이지 데이지s(471)
프렌치 노트s(225)
프렌치 노트s
(3865, 2가닥으로 3번 감는다.)
프렌치 노트s(827)
플라이s(987)
프렌치 노트s(225)
아우트라인s(3865)
프렌치 노트s(727)
스트레이트s(3865)
아우트라인s(471)
체인s(3865)

양

프렌치 노트로 양의 털을 표현해주어 아주 정성스러워 보이는 디자인이에요.
갈색이나 베이지색으로 수를 놓아서 표현하면 색다른 느낌일 거예요.
특히 패턴이 있는 패브릭을 이용하면 훨씬 예쁜 작품을 얻을 수 있어요.

사용된 실
25번사 : white, 597, 743, 761, 801, 922, 951

사용된 스티치
백 스티치, 새틴 스티치, 체인 스티치, 프렌치 노트 스티치

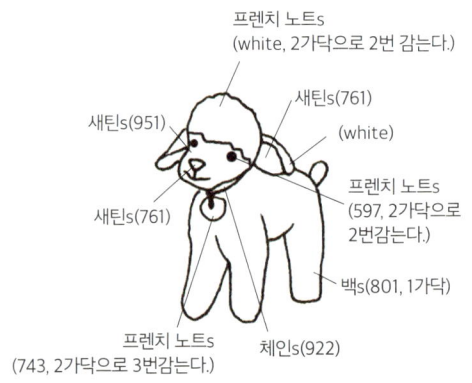

프렌치 노트s
(white, 2가닥으로 2번 감는다.)

새틴s(761)

새틴s(951)

(white)

프렌치 노트s
(597, 2가닥으로
2번감는다.)

새틴s(761)

백s(801, 1가닥)

프렌치 노트s
(743, 2가닥으로 3번감는다.)

체인s(922)

토끼

사랑스러운 토끼의 얼굴과 테두리에 앙증맞은 장미꽃송이로 사랑스러움을 극대화시켰어요.
저는 'STILL'이라는 단어를 사용했는데 각기 다른 단어나
이름으로 수놓으면 특별한 마카롱 지갑이 될 거예요.

사용된 실

25번사 : 471, 472, 632, 738, 758, 760, 801, 3364

사용된 스티치

백 스티치, 새틴 스티치, 아우트라인 스티치,
프렌치 노트 스티치, 플라이 스티치

플라이s(471)
프렌치 노트s
(761, 2가닥으로 3번감는다.)
백s(758)
새틴s(758)
새틴s(760)
아우트라인s(738)
아우트라인s로
면을 채웁니다.
백s(632)
새틴s(801)
새틴s(3364) (472)

마카롱 만들기

(마카롱지갑 완성 사이즈 : 5cm)

: 재료   수가 놓인 겉감 2장(지름 6.6cm), 안감 2장, 안감 접착솜 2장(4mm),
마카롱 틀 2개(5cm), 지퍼(15cm), 패브릭테이프(바이어스), 바늘, 재봉실

: 준비하기   **패브릭 준비** : 마카롱 틀의 지름이 5cm이면 수가 놓인 패브릭을 지름 7csm가량이
되도록 재단해서 준비해주세요.
지퍼 준비 : 마카롱 틀의 지름에 맞는 지퍼를 준비해주세요.
패브릭 테이프 준비 : 패브릭을 5x3.6cm 정도 크기로 잘라서 양옆 시접을 4mm씩
준 뒤 반으로 접어 다려두세요. 번거롭다면 시중에 파는 예쁜 바이어스를 사용해
도 좋아요.

끝에서 3mm 정도 되는 지점에 촘촘히 홈
질을 해주세요. 홈질이 촘촘할수록 주름이
예쁘게 잡혀요.

잡아당기면서 주름을 적당히 잡은 뒤, 마
카롱 틀을 끼워주세요.

틀에 꽉 끼워지게 조여 주세요.

거미줄처럼 실을 교차하면서 바느질을 하여 둥근 선을 예쁘게 정리해주세요.

예쁘게 정리되어가고 있습니다. 앞에서 보았을 때 우는 곳이 없도록 잘 봐주세요.

겉감의 패브릭을 2개를 모두 같은 방법으로 마무리해주세요.

안감과 접착솜을 준비해주세요.

패브릭에는 접착솜을 다려서 붙여주세요. 접착솜이 없을 경우에는 일반 퀼트솜으로 해도 좋아요.

04와 같은 방법으로 실을 조여서 예쁘게 정리해주세요.

이렇게 네 가지의 틀이 완성되었어요.

지퍼의 끝을 겉과 겉끼리 맞대어 튼튼하게 박음질해주세요(틀이 잘 맞는지 한번 끼워서 확인해보세요).

양 날개를 삼각형 형태로 말아 접어 시침질해주세요. 지퍼 처리를 깔끔하게 하기 위해서입니다.

양쪽 4mm씩 시접을 접어 반으로 다려준 후, 공그르기를 해주세요.

지퍼와 패브릭 테이프를 완성했다면

패브릭테이프를 지퍼의 길이에 맞게 재단하고, 양끝을 공그르기해주세요.

지퍼가 보이지 않게 하기 위함이기도 하고, 마카롱지갑의 머리가 되는 부분입니다.

안쪽에도 공그르기를 해주세요.

지퍼의 끝에 홈질을 해주시고 적당히 당겨 오므려주세요.

완성된 지퍼에 마카롱 틀을 얹고, 그림의 위쪽이 바이어스 테이프 쪽으로 향하게 해 주세요.

공그르기를 해주세요. 너무 바짝 하면 지퍼가 안 열릴수 있으니 1~2mm 정도 되는 지점에 바느질하세요.

이렇게 양쪽 마카롱 틀을 모두 공그르기로 붙여주세요.

지퍼를 열어 안쪽에서 준비한 안감솜을 대고 공그르기를 해주세요.

조금 힘들 수 있지만, 바늘을 사선으로 해 주면서 촘촘히 바느질하세요.

다른 한쪽도 공그르기 해주세요. 안쪽에는 조금 두꺼운 접착솜으로 하면 더 폭신하게 사용할 수 있어요.

짜잔! 예쁜 마카롱 지갑이 완성되었어요!

여러 가지 자수를 놓아서 예쁜 마카롱 지갑을 만들어보세요.

꽃거울

여자라면 손가방에 거울은 하나씩 들어있겠지요.
이왕이면 정성스러운 자수가 놓인 거울이라면
더 특별해 보이는 거울이 될 것입니다.
선물용으로도 좋습니다.

사용된 실	25번사 : white, 224, 471, 472, 632, 725, 760, 813, 922, 3042, 3052, 3820, 3841

사용된 패브릭   도트 문양의 패브릭(면)

사용된 스티치   레이지 데이지 스티치, 백 스티치, 블리온 로즈 스티치, 서클 버튼홀 스티치, 스파이더 웹 로즈 스티치, 프렌치 노트 스티치

수놓기
- 지정한 실 외에는 모두 3가닥으로 수를 놓습니다.
- 프렌치 노트 스티치는 2가닥으로 3번 감습니다.
- 수를 놓을 천은 도트나 스트라이프로 하면 예뻐요.

Love

레이지 데이지s(471)

프렌치 노트s(3042)

블리온 로즈s(안:760 / 겉 224)

레이지 데이지s(3052)

레이지 데이지s(3052)

레이지 데이지s(white)

프렌치 노트s(922)

서클 버튼홀s(3820)

레이지 데이지s(922)

프렌치 노트s(725)

레이지 데이지s(471)

블리온 로즈s
(안:760 / 겉:224)

백s(632, 2가닥으로)

레이지 데이지s(3052)

레이지 데이지s(white)

블리온 로즈s
(안:760 / 겉:224)

프렌치 노트s(725)

레이지 데이지s(472)

레이지 데이지s(3052)

프렌치 노트s(813)

스파이더 웹 로즈s(922)

서클 버튼홀s(3841)

레이지 데이지s(3052)

레이지 데이지s(3052)

블리온 로즈s
(안:760 / 겉:224)

프렌치 노트s(3042)

레이지 데이지s(472)

거울 만들기

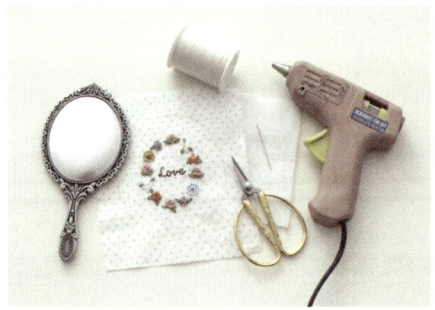

: 재료   거울, 수놓은 패브릭, 퀼팅솜, 실, 바늘, 가위, 글루건

01

거울 뒷면에 붙일 틀보다 0.8cm 정도 크게 잘라줍니다.

02

바깥쪽에서 0.5mm 정도 되는 곳에 촘촘히 홈질을 해줍니다.

03

퀼팅솜을 틀과 똑같은 크기로 잘라 거울에 글루건으로 살짝 붙여둡니다.

04

틀에 패브릭을 얹고 실을 쭉 잡아당겨 조여 줍니다.

05

뒷면을 거미줄처럼 왔다갔다하면서 실로 꿰매줍니다.

06

앞면을 보았을 때 매끈하게 틀에 밀착이 되었는지 확인하고 마무리합니다.

07

완성된 틀 뒤를 글루건을 쏘아준 뒤

08

글루건이 굳기 전에 거울에 잘 맞추어 붙여줍니다.

완성

라벤더 샤세이

프랑스 자수에서 라벤더는 가장 많이 등장하는 꽃이지요.
저도 환상적인 보라색의 라벤더 향을 참 좋아해서
라벤더 화분도 많이 키우고, 집안의 향기도 라벤더 디퓨저를 애용하고 있어요.
샤세이 역시 라벤더 향으로 만들어 옷장이나 서랍장
또는 장식용으로 사용하고 있어요.
라벤더 향이 가득 배어 있는 샤세이 주머니랍니다.

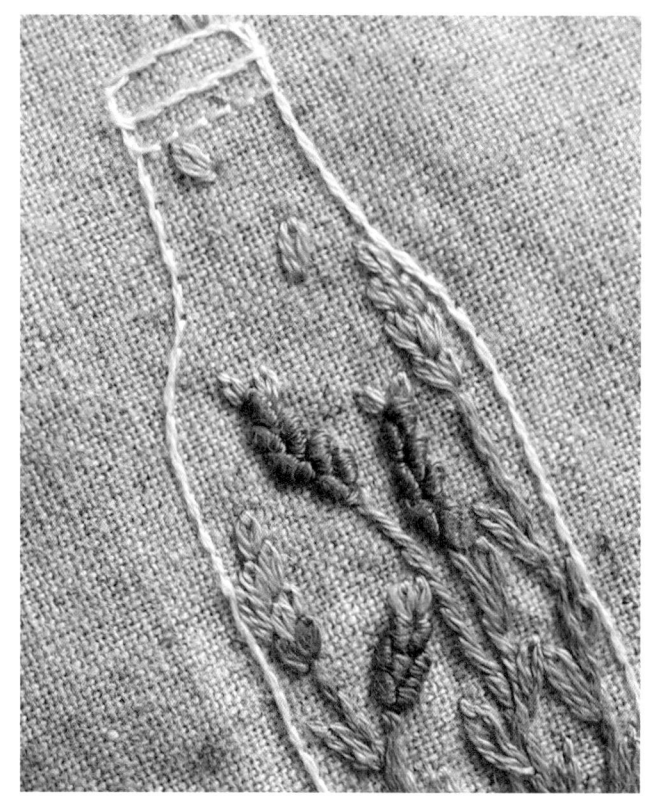

사용된 실	25번사 : white, 3041, 3042, 3052, 3346
사용된 패브릭	워싱 린넨 (베이지)
사용된 스티치	레이지 데이지 스티치, 백 스티치, 블리온 스티치, 아우트라인 스티치
수놓기	• 지정한 실 외에는 모두 2가닥으로 사용합니다. • 샤세이를 다 완성한 뒤에 위쪽에 블리온 링 스티치로 포인트를 주세요. • 레이스 끈을 준비해주세요.

Lavender

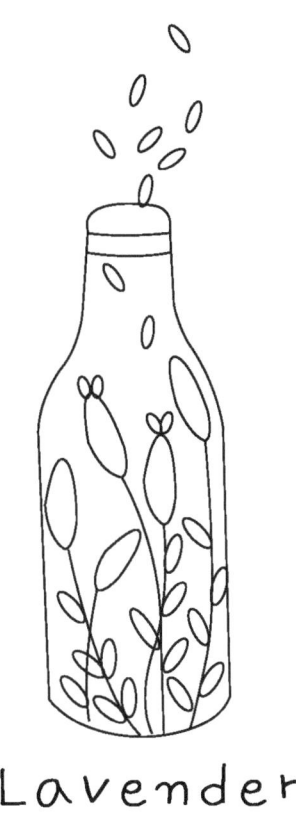

Lavender

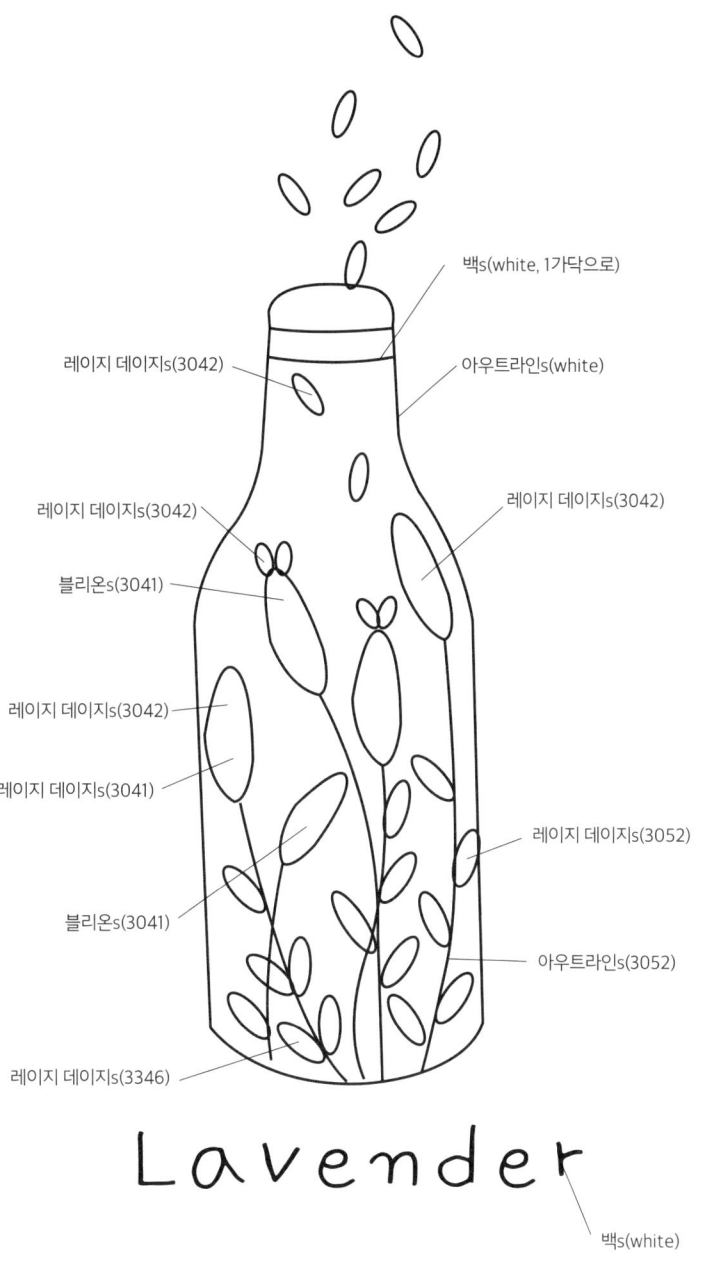

백s(white, 1가닥으로)

레이지 데이지s(3042)

아우트라인s(white)

레이지 데이지s(3042)

블리온s(3041)

레이지 데이지s(3042)

레이지 데이지s(3042)

레이지 데이지s(3041)

레이지 데이지s(3052)

블리온s(3041)

아우트라인s(3052)

레이지 데이지s(3346)

Lavender

백s(white)

샤셰이 만들기

(완성된 샤셰이 사이즈 : 8.5×14cm)

: 재료　수놓은 린넨(10수, 베이지색, 10.5x16cm), 라벤더포푸리, 레이스끈

01

완성한 자수의 천을 10.5x16cm으로 2장 재단합니다.

02

사방 1cm를 그려주고, 창구멍을 표시합니다.

03

겉감에 레이스를 미리 박음질로 붙여줍니다.

04

창구멍을 남겨놓고, 사방을 박음질합니다.

05

창구멍으로 뒤집어줍니다.

06

포푸리 주머니를 넣어줍니다.

07

창구멍을 공그르기로 막아줍니다.

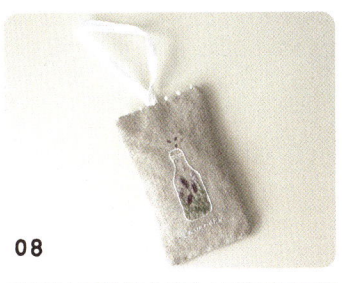

08

윗면에 블리온 링 스티지 스티치로 마무리합니다.

케이블루의
동화 같은 프랑스 자수

초판 1쇄 발행 2015년 10월 12일
초판 12쇄 발행 2021년 6월 5일

지은이 김소영
펴낸이 이지은
펴낸곳 팜파스
기획·진행 이진아
편집 정은아
일러스트 정은영
디자인 박진희
마케팅 김민경, 김서희
인쇄 케이피알커뮤니케이션

출판등록 2002년 12월 30일 제10-2536호
주소 서울시 마포구 어울마당로5길 18 팜파스빌딩 2층
대표전화 02-335-3681   **팩스** 02-335-3743
홈페이지 www.pampasbook.com | blog.naver.com/pampasbook
이메일 pampas@pampasbook.com | pampasbook@naver.com

값 15,800원
ISBN 979-11-7026-045-5 13590

이 도서의 국립중앙도서관 출판예정도서목록(CIP)은 서지정보유통지원시스템 홈페이지
(http://seoji.nl.go.kr)와 국가자료공동목록시스템(http://www.nl.go.kr/kolisnet)에서
이용하실 수 있습니다.(CIP제어번호: CIP2015025693)